# VIE

DE

# M. MICHEL GASNIER

CHANOINE HONORAIRE

*Des Diocèses de Laval et du Mans*

DOYEN ET ARCHIPRÊTRE DE CHATEAU-GONTIER

**Par un de ses Vicaires**

CHATEAU-GONTIER
IMPRIMERIE-LIBRAIRIE H. LECLERC
RUE SAINTE-ANNE

1878

# APPROBATION

## DE MGR L'ÉVÊQUE DE LAVAL

†

*Laval, 1er mars 1878.*

Cher Monsieur l'Abbé,

Avant de partir pour Rome, où je vais mettre aux pieds du Pape Léon XIII, les hommages respectueux et dévoués du diocèse de Laval tout entier, j'achève la lecture de la vie du pieux et si vénéré Monsieur GASNIER. Je vous remercie d'avoir conservé, dans une Notice intéressante et pleine d'édification, les grands traits d'une existence consacrée tout entière à la gloire de Dieu et au salut des âmes.

Je bénis votre travail et j'espère que les exemples de Monsieur l'Abbé Gasnier, Chanoine honoraire, Doyen et Archiprêtre de Château-Gontier, deviendront pour tous vos lecteurs un encouragement à la vertu et à l'amour de Jésus-Christ.

Je vous renouvelle, mon bon Monsieur l'Abbé, l'assurance de mon affectueux et pieux dévouement.

† JULES-DENYS
Evêque de Laval.

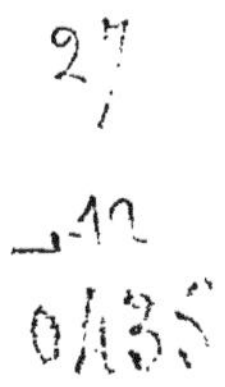

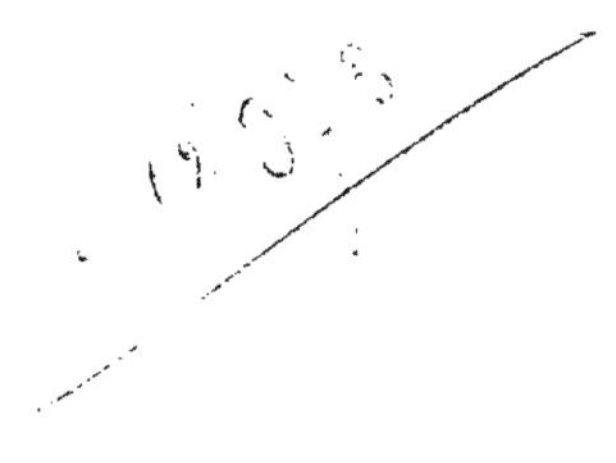

# VIE

DE

# M. MICHEL GASNIER

**CHANOINE HONORÂIRE**

*Des Diocèses de Laval et du Mans*

DOYEN ET ARCHIPRÊTRE DE CHATEAU-GONTIER

**Par un de ses Vicaires**

CHATEAU-GONTIER

IMPRIMERIE - LIBRAIRIE H. LECLERC
RUE SAINTE-ANNE

1878

# AVERTISSEMENT

SOLLICITÉ *par un grand nombre de personnes de faire une Notice biographique sur M. MICHEL GASNIER, Doyen et Archiprêtre de Château-Gontier, l'auteur de cet écrit a longtemps hésité à se charger de ce travail. Il ne se sentait pas le talent nécessaire pour l'accomplir.*

*Enfin, cédant à cette considération qu'après quarante ans passés dans l'intimité avec ce vénérable Ecclésiastique, il était plus en état que tout autre de faire connaitre les détails si édifiants de sa longue carrière, il s'est décidé, pour répondre aux vœux si légitimes du public, à entreprendre, avec l'aide de Dieu, la Notice consignée dans les pages de ce recueil.*

*Le lecteur, il l'espère, voudra bien se montrer indulgent et fermer les yeux sur les imperfections du travail, afin de ne voir que le saint Prêtre dont la vie va être offerte à son admiration.*

MONSIEUR

# MICHEL GASNIER

Michel GASNIER naquit le 24 novembre 1794, de parents honorables, à Nogent-le-Bernard, diocèse du Mans.

Après avoir reçu l'instruction primaire au Collége de Bonnétable, ville du même diocèse, il manifesta du goût pour l'état ecclésiastique. Il fut confié alors à un vénérable prêtre, Monsieur Joseph Brault, curé d'une paroisse voisine, pour se livrer, sous la direction de ce maître, aux études préparatoires à son entrée au Séminaire. Un autre élève, qui, plus tard, se signala au Collége de Château-Gontier, comme professeur de mathématiques et de physique, Monsieur Pooté, mort curé de La Chapelle-Craonnaise, au diocèse de Laval, étudiait sous la direction du même maître.

Le bon Curé rendait ses élèves heureux par l'aménité et la gaieté de son caractère. Aux récréations, il n'était plus leur maître, il était leur condisciple et il aimait à leur faire mille espiègleries, qu'au reste ils savaient bien lui rendre, et qu'il souffrait de leur part avec la plus grande bienveillance. Cette vie douce et agréable contribua beaucoup à développer dans le jeune Gasnier cette douceur et cette gaieté qui faisaient le fond de son caractère. Il aimait à répéter souvent, pendant sa longue carrière, les bons mots qu'il avait recueillis de la bouche du joyeux vieillard.

Lorsque le maître vit ses élèves déjà assez

avancés dans leurs études, il sollicita pour eux, auprès de Monseigneur de Pidoll, alors évêque du Mans, la faveur d'être agrégés à la milice sainte, par la réception de la tonsure, avant leur entrée au Séminaire. Sur le bon témoignage qu'il put rendre d'eux, il fut assez heureux pour obtenir cette faveur. Les deux jeunes aspirants conduits par leur maître, se rendirent donc au Mans, un jour d'Ordination : ils y déposèrent avec joie les vêtements séculiers pour revêtir les livrées du Sanctuaire. L'habit ecclésiastique devenait désormais à leurs yeux leur plus bel ornement.

De retour au domicile du bon Curé, leur première visite fut de se rendre à l'église, d'abord pour remercier Dieu de l'honneur qu'il leur avait fait en les admettant au nombre de ses lévites, ensuite pour exercer immédiatement le pouvoir qu'ils avaient obtenu de toucher aux vases sacrés. Ils étaient heureux de recevoir, entre leurs mains, les instruments sacrés qui servent à célébrer les saints Mystères et à contenir le Corps adorable de N. S.

Les deux élèves reprirent leurs études avec une nouvelle ardeur, encouragés qu'ils étaient par leur admission dans la Hiérarchie ecclésiastique, et par le désir d'arriver un jour au sacerdoce, objet de toute leur ambition.

Cette vie commune avait engendré, entre les deux élèves, une amitié dont la mort seule a pu rompre les liens. Cette amitié éclata surtout lorsque l'un d'eux, Monsieur Pooté, était sur son lit de mort. Son vieux condisciple, Monsieur Gasnier, devenu curé de St-Jean de Château-Gontier, alla le visiter, et le trouvant dans un danger grave, que les habitués de la maison n'apercevaient pas, il eut le courage de l'avertir de ce danger et de lui proposer les derniers sacrements qu'il lui administra lui-même.

Quelque temps après la réception de la tonsure, une épreuve était réservée au jeune abbé Gasnier. Le dégoût s'empara de lui, et sa vocation fut ébranlée. Mais ce ne fut qu'un nuage qui ne tarda pas à disparaître. Dieu ne voulait pas priver son Eglise d'un ministre qui, pendant soixante ans, devait la servir avec tant de zèle, procurer le salut d'un si grand nombre d'âmes, et laisser après lui les plus admirables monuments de sa piété et de sa charité.

Le jeune Abbé reprit donc courage, et travailla avec de nouveaux succès. Son vieux maître le conduisit jusqu'à la Seconde exclusivement.

Le Collége d'Avranches, au diocèse de Coutances, avait alors de la réputation. Ce fut ce Collége qui fut choisi pour faire suivre au jeune Gasnier les cours de Seconde, de Rhétorique et de Philosophie.

Installé dans cet Etablissement, il s'y fit remarquer par une gravité et une régularité qui lui attirèrent l'attention et la confiance de ses Maîtres. Les élèves eux-mêmes conçurent pour lui une sorte de vénération. Il fut alors jugé capable de joindre à son titre d'étudiant celui de Maître d'Etude, fonctions qu'il remplit à la grande satistaction des Supérieurs et des élèves.

Pendant les trois années qu'il passa à Avranches, ses Etudes furent suivies des mêmes succès qu'il avait obtenus chez son vieux Maître : Succès qui ne pouvaient d'ailleurs faire défaut à un travail assidu favorisé par un jugement solide et une mémoire étonnante.

Les jours de congé le jeune abbé Gasnier aimait à conduire les élèves dont il était le mentor, vers la célèbre Abbaye du Mont-Saint-Michel, éloignée de peu de distance de la ville d'Avranches. Un jour cette promenade faillit lui être funeste ainsi qu'à ses condisciples. Trompés par les apparences que leur offrait la grève qui s'étend d'Avranches au monument, ils s'avançaient vers des fondrières qui allaient les engloutir. Mais la Providence veillait sur eux. Avertis et effrayés par des cris que l'on fit entendre de la vieille Abbaye, ils se hâtèrent de rebrousser chemin, et évitèrent ainsi le danger où ils allaient périr.

Le souvenir du Mont-Saint-Michel, merveille du Moyen-Age, ne s'effaça jamais de l'esprit de Monsieur Gasnier. Il en parlait souvent, et sa grande privation, sur la fin de sa longue carrière, était de ne pouvoir pas soutenir les fatigues d'un dernier pèlerinage à ce lieu si vénéré.

Les vacances de la dernière année étaient arrivées. Le jeune abbé Gasnier quitta pour n'y plus revenir, le Collége d'Avranches où il laissa de profonds regrets. Il retourna dans sa famille afin de s'y préparer, par un délassement bien mérité, à de nouveaux et plus sérieux travaux.

A la fin de 1816, il entrait au Séminaire du Mans, pour y suivre les trois années de Théologie.

Les qualités qu'il avait manifestées au Collége d'Avranches, ne se démentirent pas sur ce nouveau théâtre. La pensée que le temps du Séminaire était une préparation prochaine à son élévation au Sacerdoce et à l'exercice du Saint Ministère, donna une nouvelle impulsion à sa régularité, à sa piété, à toutes les vertus qui font le bon Séminariste. Son amour pour l'étude, ses travaux assidus le mirent en état de subir avec avantage tous ses examens. Sa gravité se montrait tempérée par une douceur, par une aménité de caractère, qui lui concilièrent dans peu de temps, comme à Avranches, l'affection des directeurs et de tous ses condisciples.

Monsieur Bouvier, alors supérieur du Séminaire, et plus tard évêque du Mans, conçut surtout pour l'Abbé Gasnier une estime et un attachement qui ont persévéré jusqu'à la mort de ce Prélat, si juste appréciateur du mérite. Cette profonde estime l'engagea à lui donner, la dernière année de son Séminaire, un poste de confiance, celui de Directeur des élèves de Philosophie, alors séparés du Grand-Séminaire. L'honneur mérité par l'élève du Collége d'Avranches, se renouvelait en faveur du digne Séminariste.

L'Abbé Gasnier avait déjà reçu la tonsure, comme il a été dit ci-dessus, lorsqu'il entra au Grand-Séminaire. A la fin de sa première année de Théologie, il fut promu aux quatre Ordres mineurs.

Le 12 Mai 1818, il fut appelé à contracter des engagements irrévocables par la réception du Sous-Diaconat. La pièce suivante, heureusement trouvée parmi les papiers qu'il a laissés à sa mort, fera connaître les sentiments qui l'occupaient à l'occasion de cette démarche si importante et si décisive. Cette pièce renferme les résolutions qu'il prit à la suite de l'Ordination qui lui conféra cet ordre du Sous-Diaconat. Elle est vraiment si touchante et si édifiante qu'elle demande à être citée, au moins en grande partie.

« O jour mille fois heureux ! Jour infiniment « glorieux pour moi ! Jour fortuné ! tu ne sortiras jamais de ma mémoire ! C'est dans ce « jour le plus heureux de ma vie que les chaînes « qui auraient encore pu m'attacher au monde, « ont été rompues et que j'ai été irrévocablement « attaché au service du Seigneur dans l'état « ecclésiastique, de sorte que je puis dire maintenant avec l'Apôtre : « *Ego vinctus in Domino.* « Je suis dans les chaînes pour le Seigneur. » (1) « Glorieuses chaînes, je vous baise avec respect ! « Que je suis fier de vous porter ! En vérité, je « ne changerais pas mon sort contre celui du « plus puissant et du plus riche monarque de

(1) Ephés. 3. I.

« l'univers ! Que dis-je ? Je ne le changerais pas « contre l'univers lui-même tout entier. Il est donc « bien vrai que je suis sous-diacre ; je suis lié « pour toujours, non-seulement pour toute ma « vie, mais pour toute l'éternité. O mon Dieu, « que cette idée me cause de joie ! Mais aussi elle « est accompagnée du plus vif sentiment de « crainte. Hélas ! j'ai bien lieu de trembler, et « je serais bien malheureux si je ne tremblais « pas.

« Appelé à un état si saint et qui exige une si « grande pureté, comment pourrai-je jamais « m'acquitter des grandes obligations qui me « sont imposées ? Comment, Seigneur ? J'en suis « très-incapable par moi-même ; mais ce n'est « pas sur mes propres forces que je m'appuie, « c'est uniquement sur votre miséricorde et votre « secours.

« Entre autres obligations, j'en ai surtout con- « tracté deux grandes, et qui sans doute méri- « tent toute mon attention, c'est l'obligation de « garder la sainte continence tous les jours de

« ma vie et de réciter, pareillement tous les jours, « le saint Office.

« 1° Pour la sainte vertu de pureté, je reconnais bien humblement devant Dieu, mon « Créateur, que, par mes propres forces, je suis « dans l'impossibilité absolue de la pratiquer. « La continence est un don de Dieu, dit le Sage, « et si cela est vrai par rapport à tous les hommes, il l'est encore bien plus par rapport à « moi. Aussi je proteste hardiment devant Dieu, « qui lit dans le fond de mon cœur tout ce qui « s'y passe, que, quand je me suis déterminé, « après avoir examiné ma vocation, à embrasser « l'état ecclésiastique, je ne me suis point appuyé « sur mes bonnes intentions, sur mes résolutions « pour pratiquer cette sainte et admirable vertu, « mais bien sur la pure miséricorde du Seigneur. « Cependant, tout incapable que je suis de moi-même de garder la sainte continence, je « n'ignore pas que Dieu exige de moi des soins, « des précautions, de la prudence, des efforts et « une grande vigilance sur toute ma conduite. Mon

« Dieu, faites que je prenne tous ces moyens pour « me conduire en digne ministre de votre cher « Fils. Je reconnais que je dois user de la plus « grande prudence dans les fonctions du saint « Ministère, quand une fois j'en serai chargé. « Dans les fonctions même les plus saintes, j'aurai « besoin de bien veiller sur mon propre cœur. A « plus forte raison hors les emplois du saint « Ministère, devrai-je m'interdire tout ce qui « pourrait être dangereux pour moi. J'espère, « avec la grâce de Dieu, que je prendrai ces pré- « cautions.

« Un autre écueil contre lequel je dois encore « bien me tenir en garde, c'est de me faire une « malheureuse habitude des emplois et des fonc- « tions les plus saintes, comme de dire la sainte « Messe, de sorte que je n'agisse plus que par « routine et sans aucun sentiment de piété. « Malheureusement je ne suis que trop porté à me « relâcher, et si je n'ai soin de ranimer souvent « ma ferveur, ma perte sera inévitable. Faites « donc, ô mon Dieu, que je n'approche jamais

« du saint Autel qu'en tremblant et avec le sen-
« timent de ma propre indignité. Hélas ! l'adorable
« sacrifice de l'Eucharistie est tout ce qu'il y a
« de plus saint, de plus sacré, de plus auguste, de
« plus adorable. Les anges mêmes ne seraient
« pas assez purs pour offrir cette Hostie sans
« tache, et un misérable ver de terre, un indigne
« pécheur, souillé de toutes sortes de crimes ira
« hardiment, sans crainte, audacieusement même,
« toucher avec ses mains impures, la Chair virgi-
« nale et sacrée, le Corps adorable et précieux
« du Fils éternel de Dieu, la sagesse increéée, la
« pureté et la sainteté même. Ciel ! quelle abo-
« mination ! Quelle horreur ! O Anges saints ! ô
« Ames ferventes ! Vous gémissez, vous pleurez
« amèrement en voyant de pareilles profanations.
« Que mon malheur serait grand si je tombais
« jamais dans de pareils désordres ! Mon Dieu
« préservez m'en.

« 2° Pour le saint office, je prendrai garde
« de m'accoutumer à le dire par routine, sans
« attention, en regardant de côté et d'autre,

« examinant ce qui se passe autour de moi, et « pour éviter ce malheur, j'aurai toujours les « yeux dans mon livre, quand même je saurais « par cœur ce que je dois dire. Avant de com- « mencer, je me mettrai en la présence de Dieu, « considérant que c'est à lui que je vais parler, « au nom de toute l'Eglise par laquelle je suis « député vers cette adorable Majesté, au nom de « tous les Fidèles. Je tâcherai d'entrer dans les « sentiments qu'expriment les paroles des saints « Cantiques, et lorsque je m'apercevrai que mon « esprit sera distrait, je le ramènerai doucement « vers Dieu et je continuerai mon office sans « inquiétude et sans scrupule, et surtout je ne « répéterai jamais ce que j'aurai dit. Cette sainte « occupation, loin d'être pour moi pénible et à « charge, sera au contraire mon plus doux délas- « sement après les travaux et les fatigues du « saint Ministère. J'unirai avec joie ma voix avec « celle des Anges et de tous les saints, pour « chanter les miséricordes, les grandeurs, la « bonté, la justice et toutes les perfections

« infinies de ce grand Dieu dont j'ai le bonheur
« d'être le ministre. Je ne remettrai point mon
« Office, à moins que je n'y sois contraint par
« quelque circonstance imprévue et une nécessité
« absolue. J'aurai toujours une heure fixe pour
« le réciter. Je ne me hâterai point pour être
« plus tôt quitte. Je réciterai posément. Rien de
« plus honorable aux yeux de la Religion et de
« la Foi, rien de plus grand pour les Ecclésia-
« stiques que cette douce obligation où ils sont
« de réciter l'Office canonial; mais rien en même
« temps de plus avantageux et de plus propre à
« entretenir l'esprit de piété. Que peut-on en
« effet trouver de plus admirable, de plus tendre,
« de plus enflammé que ces saints Cantiques,
« dictés par l'Esprit-Saint lui-même. Tout tend
« à porter à l'amour de Dieu et à l'observation
« de sa Loi sainte, à inspirer l'horreur du péché
« et l'amour de la vertu. « *Quomodo dilexi legem*
« *tuam Domine! tota die meditatio mea est.*
« Combien est grand, Seigneur, l'amour que j'ai
« pour votre loi! Elle est le sujet de ma médi-

« tation durant tout le jour. » (1) Ainsi, avec le
« secours de la grâce, j'espère que je réciterai
« toujours le saint Office avec dévotion et piété,
« et dans les moments de sécheresse, je ne me
« laisserai point abattre. Je conserverai la paix
« de mon âme, et j'attendrai en patience qu'il
« plaise à Dieu de faire renaître la joie dans mon
« cœur.

« Une fois que je serai dans les fonctions du
« ministère, je prendrai bien garde de me laisser
« aller à l'oisiveté, de mener une vie molle et
« désœuvrée. Tous mes moments seront employés
« ou à la prière, ou à l'étude, ou aux emplois du
« ministère, ou à une récréation nécessaire.
« L'oisiveté est le piége le plus dangereux pour
« un prêtre. Il n'y a point de désordres où le
« désœuvrement ne conduise. Je suis très-con-
« vaincu de cette vérité. C'est pourquoi je prends
« la ferme résolution devant Dieu de ne jamais
« demeurer oisif. Ce n'est pas l'ouvrage qui me
« manquera ; j'ai bien des choses à apprendre et

(1) Ps. 118, v. 97.

« je ne les saurai jamais assez. L'étude de la « Théologie et de l'Ecriture Sainte suffirait seule « pour m'occuper toute ma vie. »

Telles étaient les pensées et les sentiments qui occupaient l'Abbé Gasnier à l'occasion de la réception du Sous-Diaconat. On ne sait vraiment qu'admirer le plus, ou la tendre piété, ou la profonde humilité de celui qui a écrit ces lignes. Ah ! c'est bien là le Juste dont parle l'Esprit-Saint, lequel est le premier à s'accuser. « *Justus prior « est accusator sui* (1). » Quelle humilité en effet dans ces protestations, pieusement exagérées, de faiblesse, de fragilité, d'indignité que fait le saint Abbé !

Si tels étaient la ferveur et le zèle avec lesquels il se prépara à la réception du Sous-Diaconat, quels ne durent pas être le soin et l'ardeur qu'il mit à se préparer au Sacerdoce, lorsque arrivé au terme de ses études théologiques, et élevé successivement aux différents degrés de la hiérarchie ecclésiastique, il allait enfin obtenir l'objet

(1) Prov. 18; 17.

de tous ses vœux! Il comprit alors toute l'importance de la retraite qui devait précéder son élévation aux sublimes fonctions du ministère sacré. Aussi, pendant cette retraite, sa ferveur et son recueillement furent-ils un sujet d'édification pour ses confrères qui se préparaient comme lui à l'Ordination.

Ce fut le 10 août 1819 qu'eut lieu cette Ordination. Monseigneur De Pidoll venait de mourir. Monsieur Bouvier, Supérieur du Séminaire, et les Grands-Vicaires, qui administraient le diocèse pendant la vacance du siége, durent prier Monseigneur De Montault, alors évêque d'Angers, de faire cette Ordination. Il fut convenu que les Ordinants seraient conduits à La Flèche, à raison de sa plus grande proximité avec Angers, et que là se rendrait le Prélat pour leur conférer les saints Ordres. Ce fut donc à La Flèche, qui, depuis cette époque, occupa toujours une large part dans les souvenirs de l'Abbé Gasnier, qu'il reçut le Sacerdoce.

On raconte qu'à cette occasion, les habitants

de cette ville, par reconnaissance pour l'honneur qui leur était fait, se firent un devoir d'exercer, à l'égard des Ordinants, la plus gräcieuse hospitalité. C'était à qui serait accordée la faveur d'en abriter quelques-uns sous son toit et de les admettre à sa table.

Voilà l'Abbé Gasnier élevé au Sacerdoce. Quelle mission va lui être confiée ? Monsieur Bouvier, par suite de la profonde affection qu'il avait conçue pour ce jeune prêtre, lui proposa les fonctions d'économe du Séminaire, afin de le garder auprès de lui. L'Abbé Gasnier fit aussitôt valoir son incapacité absolue pour de semblables fonctions, et le goût prononcé qu'il sentait pour l'exercice du saint Ministère.

Bien des fois depuis, il a raconté en riant la proposition qui lui avait été faite. « Moi, économe ! disait-il. Ah ! j'aurais assurément fait faire banqueroute au Séminaire. »

Monsieur Bouvier lui dit alors qu'il ne pouvait lui donner d'indication définitive sur sa destination. Il l'envoya prendre quelque délassement dans sa famille, lui faisant espérer une solution aussi prompte que possible. Quelques jours après le facteur remettait au jeune prêtre une lettre, qui le tirait d'une incertitude assez pénible : c'était sa nomination à Saint-Vénérand de Laval en qualité de vicaire.

Heureux de pouvoir enfin exercer son zèle à procurer la gloire de Dieu et le salut des âmes, l'Abbé Gasnier se rendit promptement au poste qui venait de lui être assigné.

Sa douceur, sa bonté et toutes les autres qualités, qui l'avaient fait aimer partout, lui concilièrent en peu de temps l'affection et la confiance des habitants de cette nombreuse paroisse.

Les travaux qui lui incombèrent et auxquels il se livra peut-être avec trop peu de discrétion, les inquiétudes exagérées d'une conscience délicate sur la manière dont il remplissait ses devoirs, altérèrent sa santé. On eut à craindre une phthisie pulmonaire. Mais Dieu, pour le dire encore, voulait conserver à son Eglise une vie si précieuse.

Il y avait, au presbytère de Saint-Vénérand, une vieille sœur du vénérable monsieur Changeon, alors curé de la paroisse. Cette excellente demoiselle avait pris le jeune Vicaire en affection. Voyant le danger qui menaçait ses jours, elle lui donna des soins tout maternels qui peu à peu rétablirent une santé si utile.

Il y avait sept ans que l'abbé Gasnier exerçait le ministère sacré à Saint-Vénérand avec les plus grands succès. A cette époque, la cure de Saint-Martin de Mayenne vint à vaquer par la mort du titulaire. C'était un poste difficile à remplir à raison des antipathies séculaires, qui divisaient les deux paroisses de la ville. Le vénérable curé de N.-D. de Mayenne, M. Granger, qui avait connu M. l'Abbé Gasnier à Saint-Vénérand, où il avait été lui-même vicaire, le signala à Mgr De La Myre, alors évêque du Mans, comme le plus capable, par sa prudence et son esprit de conciliation, d'occuper ce poste si important. Sur ce témoignage, corroboré par celui de M. Bouvier, supérieur du Séminaire, le Prélat n'hésita pas à faire exception aux règles ordinaires, en nommant l'Abbé Gasnier, malgré son âge peu avancé, à une des premières cures du diocèse.

La modestie du jeune Vicaire fut alarmée d'une semblable élévation. Effrayé du fardeau qu'on voulait lui imposer, il crut pouvoir se permettre d'humbles réclamations. Il allégua son inexpérience et son peu d'aptitude à une si haute et si difficile fonction ; il demanda alors une place beaucoup plus modeste, celle d'Aumônier à l'Hôpital de Laval. L'autorité ecclésiastique insista. La conscience du saint prêtre ne lui permettait plus de résister. Il se soumit avec une humble docilité, encouragé par ces paroles de l'Esprit-Saint : «*Obediens loquetur victoriam*. L'homme obéissant obtient des triomphes. » (1)

La nouvelle de ce départ répandit la consternation dans la paroisse de Saint-Vénérand. Pendant les sept ans du laborieux vicariat de M. l'Abbé Gasnier, on avait pu apprécier ses éminentes qualités, et principalement la bonté de

(1) Prov. 21, 28.

son cœur. Les pauvres surtout perdaient en lui un généreux bienfaiteur. Ce ne fut pas non plus, de son côté, sans de cruels déchirements qu'il eut à rompre les liens qui l'attachaient à cette paroisse.

Installé à Saint-Martin le nouveau Curé se livra tout entier au bien de ceux que la Providence avait confiés à sa sollicitude pastorale. Il contracta de nouveaux liens d'amitié avec le Curé de N.-D., M. Granger, que son âge et ses vertus lui rendaient plus particulièrement recommandable. Quoique son égal en dignité, puisque les deux cures jouissent du même titre, M. Gasnier ne crut pas s'abaisser, en montrant une grande déférence pour ce vénérable ecclésiastique, et en recourant à son expérience et à ses lumières, dans les cas embarrassants, qui se rencontrent souvent dans l'exercice du ministère sacerdotal.

Pendant son séjour à Saint-Martin, M. Gasnier obtint une faveur dont il s'est toujours félicité depuis.

Mgr de Cheverus, évêque de Boston, en

Amérique, où l'avait conduit son zèle pour la Propagation de la Foi, et où il avait résidé pendant beaucoup d'années, avait été rappelé en France, depuis peu de temps, pour occuper le siége de Montauban et plus tard celui de Bordeaux. Le Prélat était venu passer quelques semaines dans sa famille à Mayenne. Déjà il avait exercé des fonctions épiscopales dans l'église de N.-D. Le nouveau curé de Saint-Martin voulut procurer à ses paroissiens l'avantage de voir le digne Evêque, leur compatriote, officier aussi dans leur Eglise et de recevoir sa bénédiction.

La bénédiction d'un Evêque est toujours féconde en faveurs spirituelles. Mais lorsque cet Evêque est en même temps un apôtre qui a traversé les mers pour aller prêcher la Foi aux infidèles et aux hétérodoxes, cette bénédiction a, ce semble, quelque chose de plus précieux encore. Le vénérable Prélat s'empressa de condescendre à la prière du Pasteur dont il avait déjà pu apprécier tout le mérite.

M. Gasnier aimait aussi à rappeler le souvenir

d'un pieux ecclésiastique, prêtre habitué à Saint-Martin, lorsqu'il était curé de cette paroisse. M. Lagodardière, c'était le nom de ce prêtre, édifiait les paroissiens par la pratique de toutes les vertus sacerdotales. Mais sa mort fut plus particulièrement édifiante. M. Gasnier lui administrait les derniers sacrements; lorsqu'il lui présenta la sainte Hostie, ce bon prêtre s'écria, avec un accent de foi et de confiance, qui émut tous les assistants : « O mon Jésus, que je serai content quand vous viendrez me juger ! » Le Pasteur répétait ces paroles avec un ton qui annonçait combien il avait été touché lui-même. Paroles sublimes, en effet, dans leur simplicité ! Elles exprimaient une admirable confiance fondée, et sur la justice de Dieu qui a promis de récompenser les mérites acquis avec le secours de sa grâce, et sur son infinie miséricorde. C'était, au fond, la pensée de l'apôtre Saint-Paul qui écrivait à Timothée, sur le déclin de sa vie : « J'ai « combattu le bon combat; j'ai achevé ma course ; « j'ai gardé la Foi ; il ne me reste qu'à attendre la

« couronne de justice qui m'est réservée, que le « Seigneur, comme un juste juge, me rendra au « grand jour du jugement. » (1) Ce sera aussi la pensée qu'exprimera M. Gasnier lui-même dans les paroles qu'il adressera à ses paroissiens, qui assisteront nombreux aux derniers sacrements qu'on lui administrera. Les saints ont tous des traits de ressemblance, parce que tous ils s'appliquent à se former sur le même modèle, sur l'image de Jésus-Christ lui-même.

Près de deux ans s'étaient écoulés depuis la nomination de M. Gasnier à la cure de Saint-Martin de Mayenne. Il avait fait preuve de bonne volonté et d'obéissance en se rendant au poste que l'autorité ecclésiastique lui avait assigné. Il avait travaillé avec tout le zèle, dont il était capable, à cultiver cette portion de la vigne du Seigneur, et ses travaux n'avaient pas été sans fruits abondants. Il était bien déterminé à rester dans ce poste et à y travailler avec la même ardeur, tant que ses supérieurs jugeraient à propos de

(1) 2. Tim., c. 4, v. 7 et 8.

l'y maintenir. Mais il est des répugnances que l'on ne saurait maîtriser. Il ne pouvait, malgré tous ses efforts, se plaire dans cette position, où l'obéissance seule l'avait conduit. Quoi qu'il n'eût fait aucune démarche pour obtenir un changement de paroisse, on connut à l'Evêché ces répugnances et on attendait l'occasion de lui confier un poste qui fut plus dans ses goûts. Dieu, qui ne les avait permises, ces répugnances, que parce qu'il destinait à son zélé ministre une autre paroisse où il devait, pendant près de cinquante ans, opérer tant de bien, fit naître cette occasion. Dans le courant de l'année 1828, il appelait à lui M. Hayer, curé de Saint-Jean de Château-Gontier, et par décision épiscopale du 31 octobre de la même année, M. Gasnier était nommé son successeur.

C'est dans ce nouveau poste, où il jouera un rôle si important, qu'il doit être maintenant considéré.

Il arrive souvent que, lorsqu'un ministre de Dieu est placé par son Evêque dans une paroisse où il doit opérer beaucoup de bien, les commencements sont durs et difficiles. Il en est ainsi, il faut le croire, parce que l'ennemi de Dieu et des âmes, prévoyant ce bien, veut l'empêcher à tout prix. Les obstacles qui se rencontrent, loin d'être de mauvaise augure, doivent donc au contraire encourager un nouveau Curé. Ils sont une preuve que Dieu veut se servir de lui comme de l'instrument de ses miséricordes envers cette paroisse.

Cette observation eut son application dans M. Gasnier. Les commencements de son apostolat à Saint-Jean de Château-Gontier furent difficiles. Un Vicaire, qui avait administré la paroisse pendant la longue maladie du vieux Curé devenu absolument incapable d'exercer aucune fonction curiale, s'était attiré l'estime et l'affection des habitants de la paroisse, et plus particulièrement des membres de la classe élevée.

On désirait ardemment qu'il fut nommé successeur de M. Hayer. M. Gasnier lui-même s'était permis de faire observer aux supérieurs que ce choix était peut-être préférable à celui qu'on voulait faire de lui. Les Supérieurs lui avaient répondu que des raisons administratives s'opposaient à cette nomination, et que, dans le cas où il n'accepterait pas, son refus ne profiterait nullement au Vicaire dont il était question, et dont les qualités ne contrebalançaient pas les motifs d'exclusion.

Convaincu par cette réponse que Dieu l'appelait à ce poste, M. Gasnier accepta courageusement la difficile succession de M. Hayer.

Lorsque, après son installation, il se présenta dans les maisons de sa nouvelle paroisse, pour faire sa première visite pastorale, il fut accueilli par des visages bien froids. Des paroles désobligeantes même lui furent adressées. « Etiez-vous aimé dans la paroisse d'où vous sortez ? On me faisait cet honneur-là », répondait-il modestement. « Alors, reprenait-on, » vous auriez-bien dû y rester. »

Ces durs commencements ne déconcertèrent pas le nouveau Pasteur. A l'exemple du divin

Maître, qui aussi avait été mal reçu des siens auxquels il était venu apporter le salut, (1) il supporta avec une humble patience cet accueil peu favorable, et se confia dans le secours de Dieu, qui change les cœurs à volonté, secours qu'il espérait bien ne pas devoir lui faire défaut. Son espoir ne fut pas frustré. Sa douceur, sa bonté, ses procédés pleins d'affabilité finirent par lui ouvrir la porte de ces cœurs qui se montraient d'abord de si difficile accès. Peu de temps s'était écoulé que déjà il avait su triompher de toutes les froideurs et gagné l'affection de ses nouveaux paroissiens, affection qui ne s'est jamais démentie, qui n'a fait que de s'accroître toujours pendant les cinquante années qu'il a vécu parmi eux. On peut dire même que cette affection ne s'est pas bornée à sa paroisse, mais qu'elle a gagné tous les habitants de Château-Gontier.

Chose frappante et qui prouve combien la douceur et la patience ont de pouvoir sur les esprits les plus prévenus ! Les personnes qui lui

(1) Evang. Saint-Jean, I. II.

avaient témoigné le plus d'opposition ; celles qui s'étaient oubliées jusqu'à lui adresser des paroles blessantes, furent les premières à s'attacher à lui et lui témoignèrent le plus d'affection. C'étaient, de leur part, des invitations presque quotidiennes à venir s'asseoir à leur table; c'étaient de nombreux cadeaux. Il semblait que l'on eût à cœur de réparer les procédés peu honnêtes avec lesquels on l'avait accueilli.

Monsieur Gasnier était donc désormais maître de la situation dans la paroisse de Saint-Jean de Château-Gontier, et il allait pouvoir se livrer, avec son zèle ordinaire, à l'avancement du règne de Dieu dans cette paroisse à laquelle l'attacheraient des liens qui ne devaient se rompre qu'à la mort.

Son attention se porta d'abord sur la vieille église de sa nouvelle paroisse, monument du xime siècle, si remarquable par sa parfaite homogénéité. Cette église se trouvait dans un état assez déplorable. Les traces de la Révolution s'y faisaient sensiblement remarquer. M. Hayer, prédécesseur de M. Gasnier, n'avait pu réparer les ruines faites par cette malheureuse Révolution. Son grand âge et ses infirmités ne lui permettaient guère cette restauration. La Providence avait destiné cette œuvre à M. Gasnier, qui l'accepta et l'entreprit avec courage, aidé du généreux concours de ses paroissiens. Par des réparations et des embellissements successifs, par la reconstruction des bas-côtés et celle de la tour, où il fit placer trois magnifiques cloches, dont les sons harmonieux appellent les fidèles aux offices, par l'élévation d'une splendide façade, il a pu, en mourant, laisser cet intéressant monument dans l'état d'amélioration où il se trouve en ce moment.

Les puristes, il est vrai, pourront blâmer quelques travaux, quelques ornements qu'ils ne trouveront pas en rapport avec le style de la vieille église. L'autel, par exemple, et son baldaquin attireront plus particulièrement leurs critiques. Du grec orné avec du roman sévère, diront-ils, quel choquant amalgame! Mais, Messieurs les savants sont instamment priés de vouloir bien prendre en considération que près de cinquante ans se sont écoulés depuis que M. Gasnier a substitué le nouvel autel à l'ancien, qui, formé de débris disparates, n'était pas digne de l'auguste Sacrifice. Or, à cette époque, l'étude de l'Architecture occupait fort peu les esprits. Qu'ils veuillent donc bien se montrer indulgents pour des fautes de style qui ne se renouvelleraient pas, maintenant que cette étude est à l'ordre du jour. Qu'ils admirent plutôt le zèle d'un vénérable Pasteur pour l'embellissement de la Maison de Dieu.

Il y avait, dans l'église de Saint-Jean, une ruine de la Révolution qui ne pouvait échapper à l'attention du nouveau Curé. C'était une crypte s'étendant sous le chœur dans toute sa longueur; crypte des plus remarquables sous le rapport de l'Archéologie. Deux rangs de piliers en soutiennent la voûte, et divisent cette crypte en trois nefs. Ces piliers sont couronnés de chapiteaux dont les sculptures annoncent, par leur simplicité, l'antique origine du monument.

Le sol de cette crypte et les bases des colonnes avaient été couverts de décombres. Elle était devenue un lieu de dépôt et de débris de toutes sortes. Les fenêtres avaient été bouchées. M. Gasnier s'occupa donc de tirer de l'oubli ce monument si intéressant. Par ses soins les décombres furent enlevés et les fenêtres rouvertes; un nouveau pavage succéda à l'ancien, entièrement détruit; deux élégants escaliers furent pratiqués aux côtés de cette crypte pour y descendre; des peintures, dans le style du monument, ornèrent les murs, les piliers et la voûte, un autel également polychrômé fut élevé, et au-dessus de cet autel fut placé une antique statue de la Sainte-Vierge singulièrement vénérée sous le nom de Vierge-Sous-Terre. Ainsi restaurée, cette crypte fut réconciliée par une bénédiction solennelle. Depuis ce temps, les fidèles aiment à fréquenter ce lieu et à y assister au saint Sacrifice de la messe. Une pensée heureuse l'a fait choisir pour le sépulcre du Jeudi-Saint. Rien, en effet, ne représente mieux que cette chapelle souterraine, la grotte creusée aux pieds du Calvaire, et où fut déposé le corps du Sauveur après sa mort.

Plus tard, M. Gasnier plaça, sous l'autel, le corps d'un martyr, du nom propre de saint Donat, qu'il avait obtenu à Rome, dans un voyage qu'il y fit, en 1846. A cette occasion, fut célébrée une des plus belles fêtes qui aient eu lieu à Château-Gontier, la translation de ce Corps saint. Cette fête fut rehaussée par la présence de Mgr Bouvier, alors évêque du Mans, qui voulut bien la présider. Plus de cent prêtres et une foule immense de fidèles, accourus des villes et des campagnes voisines, assistaient à cette solennité.

La présence de cette précieuse relique a rendu ce lieu plus vénérable encore aux yeux des paroissiens qui, dans leurs divers besoins, viennent y solliciter le secours du saint Martyr.

A l'occasion de cette relique, il convient de parler d'une autre relique, non moins précieuse, dont s'est enrichie l'église de Saint-Jean.

Avant la Révolution, il y avait, sur le territoire de cette paroisse, une collégiale de Chanoines réguliers, connus sous le vocable de saint Just, patron de leur chapelle. Ces Chanoines possédaient un bras de leur saint Patron renfermé dans une magnifique châsse, ouvrage du xv^me^ siècle. Les religieux avaient disparu dans la tourmente révolutionnaire. Mais une personne pieuse fut assez heureuse pour sauver du naufrage la châsse avec le précieux trésor qu'elle renfermait. Après la Révolution, elle remit ce dépôt entre les mains d'un vénérable prêtre, devenu plus tard curé d'une des paroisses de la ville.

Cet ecclésiastique sollicita, auprès de l'autorité diocésaine, la faculté d'exposer cette sainte relique à la vénération des fidèles. Malheureusement, les sceaux apposés sur la châsse avaient été brisés, et la pièce qui constatait l'authenticité de cette relique avait été égarée. D'après les règles canoniques, il devenait alors impossible d'obtenir la faculté demandée.

Affligé de cet obstacle, un pieux laïque se livra aux recherches les plus actives, dont le résultat fut la découverte de témoignages qui, consignés dans un rapport, déterminèrent Mgr Wicart à prononcer l'authenticité de la relique, et à apposer son sceau sur la châsse munie d'une nouvelle pièce en forme attestant cette authenticité.

Comme cette relique avait appartenu à une communauté située sur la paroisse de Saint-Jean, Sa Grandeur, Mgr Wicart, jugea qu'il était juste d'en attribuer la possession à l'église de cette paroisse. M. Gasnier accueillit ce don si précieux avec le plus grand empressement et la plus vive reconnaissance. Il voulut alors qu'une nouvelle translation eût lieu avec toute la pompe possible. Déposée dans un salon de l'ancienne maison collégiale qui existe encore, lequel salon avait été magnifiquement décoré à cet effet, la châsse fut transportée à l'église de Saint-Jean, accompagnée d'un concours considérable de prêtres et de fidèles.

Aux fêtes respectives des deux saints, dont l'église de Saint-Jean a l'avantage de posséder les précieux restes, les châsses, qui les renferment, sont publiquement exposées, et c'est toujours un nombreux concours de fidèles qui vient les vénérer.

Pami les monuments qui doivent leur existence à M. Gasnier, il ne faut pas oublier le splendide autel du Saint-Rosaire, qui se fait remarquer dans l'église de Saint-Jean, et le beau Calvaire qui figure tout près de cette église.

M. Gasnier fit élever l'autel du Rosaire, à l'occasion de l'érection de la Confrérie de ce nom, dans son église. L'autel, qui devait porter le vocable du Saint-Rosaire, n'était pas digne de cette confrérie si importante. Un autel, sur le devant duquel sont sculptés trois mystères, un de chacune des trois séries, remplaça l'ancien. Sur ce nouvel autel fut placé un magnifique groupe représentant, d'un côté, la Sainte-Vierge donnant un rosaire à saint Dominique, qui fonda cette confrérie, sur l'ordre de l'auguste Mère du Sauveur, et de l'autre, l'Enfant Jésus déposant une couronne sur la tête de sainte Catherine de

Sienne. Des peintures murales ornent l'abside où est élevé ce monument qui, par sa magnificence, répond maintenant à sa destination.

L'origine du Calvaire remontait jusqu'à la mission donnée en 1818 par les R. P. de la Compagnie de Jésus. Ce monument de la piété des habitants de Château-Gontier, aux pieds duquel ils viennent souvent prier, tombait de vétusté. Il avait été plusieurs fois réparé, mais la matière n'en était point assez solide pour que ces réparations fussent durables. M. Gasnier substitua à la croix et au christ de bois une croix et un christ en pierre du plus beau granit, artistement travaillés. Le christ surtout offre, par son expression de douleur et de résignation surhumaine, un chef-d'œuvre de sculpture d'autant plus admirable que la matière, d'une extrême dureté, se montrait plus rebelle au ciseau. Un rocher artificiel, imitant, autant que possible, la célèbre montagne arrosée du sang du Sauveur, sert de base à ce remarquable monument. Les étrangers s'arrêtent souvent à ses pieds pour en admirer la beauté.

La dévotion du mois de Marie, devenue si populaire, n'était pas encore bien connue, ni bien répandue, lorsque M. Gasnier fut nommé à la cure de Saint-Jean de Château-Gontier. Cette œuvre sourit beaucoup au bon Pasteur, à raison de sa dévotion envers la Sainte-Vierge, et des avantages spirituels et si précieux qui devaient en résulter pour ses paroissiens. Il songea donc à l'établir. Mais il voulut que son institution se fit avec toute la solennité possible. Il pria le Supérieur de la maison de Saint-Michel de Laval, résidence des R. P. Jésuites, de lui envoyer un de ses Pères pour faire, pendant tout le mois de Mai, des prédications extraordinaires. Un chœur pour le chant des cantiques fut préparé.

Mais le Pasteur avait compté sans l'administration tracassière de cette époque. C'était en 1837, par conséquent sous le gouvernement de Louis-Philippe. « Un Jésuite prêcher tout un mois à Château-Gontier ! Chose horrible aux yeux de M. le Sous-Préfet. » Alors entraves de sa part à la continuation des prédications, par l'exigence de certaines formalités vexatoires, extraites des articles organiques que l'Eglise n'a jamais reconnus et qu'elle a toujours regardés, avec raison, comme un empiètement du pouvoir civil sur son propre domaine.

Le Pasteur ne s'émeut point de ces prétentions. Il va trouver M. le Sous-Préfet, après la lecture de la lettre qu'il en a reçue, pour lui dire de vive voix et avec sa modération ordinaire, qu'il ne croit pas fondé le droit qu'il veut s'arroger, et que, par conséquent, il ne saurait se soumettre à ses exigences.

Alors, au zèle qu'il témoignait pour l'observation de la loi, le bon Sous-Préfet voulut joindre l'intérêt qu'il portait à la morale. « Au reste, « dit-il au Pasteur, ces réunions, Monsieur le « Curé, ces chœurs de chanteurs et de chanteuses « ne sont-ils pas vraiment scandaleux ? — Je « loue beaucoup, Monsieur le Sous-Préfet, l'in-

« térêt que vous portez aux bonnes mœurs, lui « répond le Pasteur, non sans une petite pointe « d'ironie, mais permettez-moi de vous dire « que votre observation serait peut-être mieux « appliquée aux théâtres, aux bals et aux soirées « mondaines. Quant à nos réunions, je puis « vous garantir qu'elles n'ont rien de scanda- « leux, qu'elles sont au contraire très-convenables. « Au reste, Monsieur le Sous-Préfet, venez y assister « vous-même, et vous verrez, de vos propres « yeux, qu'il n'y a rien que de fort édifiant dans « ces exercices ; venez, et vous verrez qu'un « Jésuite n'est pas aussi odieux que vous vous « l'imaginez ; venez, et que sait-on ? Peut-être « vous convertirez-vous à ses prédications. »

Cette fine répartie ne déplut pas trop au magistrat qui, du reste, n'avait pas le fond mauvais et qui professait une estime sincère pour le vénérable Curé. Tant il est vrai que la franchise, jointe à la droiture, a quelque chose de si séduisant que les personnes les plus hostiles ne peuvent y résister. Ce témoignage de franchise et de droiture a toujours été, au reste, celui que se sont plu à rendre à M. Gasnier les représentants de l'autorité civile, dans les rares conflits qu'il a pu avoir avec eux.

Quant au Sous-Préfet, il ne fit pas trop de difficultés pour abandonner ses prétentions, et Dieu l'en récompensa, car il est mort depuis dans des sentiments chrétiens.

La cause du mois de Marie et des prédications du R. P. Jésuite était donc gagnée. Depuis la mission donnée à Château-Gontier en 1818, il n'y avait pas eu de prédications extraordinaires : les circonstances ne l'avaient pas permis. Le terrain était donc neuf. La classe ouvrière était bonne, elle n'avait pas encore été travaillée par les fauteurs de l'impiété. Aussi les fruits de ces pieux exercices furent-ils des plus abondants. Il serait difficile de dire la joie du zélé Pasteur à la vue de ces résultats si consolants. Il écrivait à Mgr Bouvier, en lui rendant compte de ces exercices : « Jamais, Monseigneur, je n'ai éprouvé « tant de consolation. »

Depuis cette époque les exercices du mois de Marie ont toujours été faits avec la plus grande solennité, dans l'église de Saint-Jean de Château-Gontier.

Il est juste de dire, à la louange de la population de cette ville, que, malgré les efforts de l'incrédulité qui, depuis ce temps, ont malheureusement fait des ravages parmi cette population, la foi s'est cependant réveillée toutes les fois que des prédications extraordinaires se sont fait entendre. C'est ainsi qu'en 1851 et en 1866 les exercices de deux missions ayant été procurés aux trois paroisses de la ville, par l'initiative de M. le Curé de Saint-Jean, et de concert avec les deux autres Curés, ces exercices produisirent des fruits inattendus.

La mission de 1866, donnée par les R. P. Capucins, fut plus particulièrement remarquable. Pendant huit jours des conférences spéciales furent faites aux hommes par le R. P. Laurent, chef de la mission, et chaque jour la vaste église de Saint-Jean suffisait à peine à contenir les auditeurs. Ces prédications produisirent leur effet. Le dimanche de la clôture 1,400 hommes s'approchaient de la Table Sainte. Le soir avait lieu la plantation d'une magnifique croix. Pendant la procession qui précéda cette plantation et qui parcourut toute la ville, ces hommes, foulant aux pieds le respect humain, tinrent à honneur de porter, alternativement et divisés par escouades, le signe sacré de notre salut. Après la cérémonie la fête n'était pas finie pour eux, ils se répandirent dans toute la ville, jusqu'a une heure fort avancée de la nuit, continuant les refrains des cantiques que l'on avait chantés pendant cette cérémonie.

Il n'est pas besoin de dire les consolations du Pasteur à la vue de ces nouveaux fruits de salut, et de ces magnifiques démonstrations de la foi catholique.

Un danger auquel se trouvait exposée une portion intéressante de ses ouailles, préoccupait le bon Pasteur, c'était celui que courent les jeunes filles, surtout dans les villes où il y a tant d'occasions de séduction. Il songea alors à prémunir celles de sa paroisse par une institution qui leur offrirait un abri sûr contre ce danger. Les associations, connues sous le nom de Catéchisme de Persévérance, produisaient beaucoup de bien dans les paroisses où elles avaient été fondées. M. Gasnier établit donc cette œuvre dans sa paroisse. Il voulut se charger lui-même de sa direction. On le voyait tous les quinze jours, malgré les fatigues d'un ministère fort occupé, réunir dans son église les jeunes filles, ses paroissiennes, qui, répondant à son appel, avaient donné leur nom à cette association. Là, après les avis que demandaient les circonstances, il ne manquait jamais d'adresser à son auditoire une instruction solide, comme il savait en faire. Ce fut même, par les efforts de voix qu'il fit en donnant une de ces instructions, qu'il contracta une infirmité qui n'a fini qu'avec ses jours et qui bien des fois, pendant sa longue carrière, a mis sa vie dans le plus grand péril.

Ce Catéchisme de Persévérance s'est maintenu

tant que les forces du Pasteur lui ont permis d'en supporter les fatigues. Par ses soins deux associations lui succédèrent. L'une sous le nom d'Enfants de Marie, dirigée par les Sœurs de Saint-Vincent-de-Paul, l'autre sous le nom de Congrégation de la Sainte-Famille, dirigée par les Dames de l'Espérance. Quoique déchargé de la direction de ces deux associations, M. Gasnier ne manqua pas néanmoins de leur porter le plus grand intérêt. Il les visitait de temps en temps et leur adressait des paroles d'édification, recueillies par ces jeunes filles avec les marques du plus grand respect.

Une œuvre de la plus haute importance occupait depuis longtemps l'esprit de M. Gasnier, c'était la fondation d'un établissement de Frères des Ecoles Chrétiennes. Emerveillé de tout le bien produit par ces admirables enfants du vénérable de la Salle, dans les lieux où ils étaient établis, le bon Pasteur désirait ardemment procurer le même avantage à la ville de Château-Gontier. Mais les ressources faisaient défaut.

L'heure marquée par la Providence n'était pas encore arrivée. Enfin cette heure tant désirée vint à sonner. Une personne généreuse, instruite du désir qui préoccupait le Pasteur, met à sa disposition un don de 900 fr. de rente, laquelle rente sera remplacée plus tard par une propriété qui produira 1,800 fr. Tout aussitôt le Pasteur joyeux, aidé de ses confrères des deux autres paroisses, se met en campagne pour faire appel aux familles riches et désireuses du bien. Il s'exécute lui-même le premier : 2,000 fr. sont toute sa richesse ; ils sont inscrits en tête de la souscription ; ses deux confrères l'imitent. Avec le produit de cette souscription on peut acheter une première maison qui abritera trois Frères. Le mobilier et le traitement sont trouvés, et le 17 octobre 1840 les trois Frères sont installés dans cette maison avec des élèves déjà nombreux.

Le commencement était modeste, mais c'était le grain de Sénevé qui, plus tard, devait produire un des plus beaux établissements possédés par la Congrégation. Une vaste maison occupée par neuf Frères, quatre belles classes contenant plus de 200 enfants, un grand jardin, une magnifique chapelle gothique pouvant contenir 300 personnes, et pourvue de forts beaux ornements, un préau dont la moitié est abritée, contre les ardeurs du soleil ou la pluie, par un toit en zinc, une succursale établie dans la paroisse de la Trinité, trop éloignée de la maison mère, un champ situé à deux kilomètres de la ville pour y conduire les enfants les jours de congé, tel est actuellement l'établissement des Frères de Château-Gontier; établissement qui, on le conçoit, a dû coûter des sommes énormes.

Une des œuvres les plus utiles fondées par la religion catholique, est, on peut le dire, l'œuvre des Sœurs gardes-malades. Quoi de plus à désirer pour un pauvre malade qui languit sur un lit, en proie aux plus vives douleurs, que d'avoir à son chevet, non une mercenaire qui ne se propose que le gain qu'elle doit retirer de ses services, services dont elle s'acquitte sans charité comme sans intelligence, mais une infirmière compatissante et pleine de douceur, attentive aux moindres besoins de l'infirme, confié à ses soins, et remplissant sa charge en vue de Dieu et par un motif de charité ? Cette œuvre a non-seulement pour but le soulagement et la guérison du corps, parce que ces Vierges du Seigneur, formée de longue main à leurs fonctions, savent administrer les remèdes, prescrits par la science, avec une intelligence et une adresse qui les rendent nécessairement plus efficaces, mais elle est encore favorable au salut éternel de leurs malades, par les exemples si touchants de patience, de bonté et de dévouement qu'elles leur donnent, par les paroles pieuses, les avis salutaires qu'elles savent adroitement placer, par les prières ferventes qu'elles adressent au Ciel pour la conversion d'un malade éloigné de Dieu, dans l'intervalle des soins qu'elles ont à donner au corps. Que de pécheurs, qui avaient résisté avec opiniâtreté aux exhortations d'un Pasteur zélé, ont été vaincus par les douces paroles, par les larmes de la Sœur garde-malade qui veillait avec assiduité à son chevet.

C'en était assez pour que M. Gasnier, toujours préoccupé des besoins de ses paroissiens, songeât à doter Château-Gontier d'un semblable établissement. Il s'entend avec ses deux confrères. Un nouvel appel est fait aux habitants de la ville, désireux eux-mêmes d'une œuvre si utile, et dont le besoin est universellement senti. L'appel est accueilli avec faveur. M. Gasnier part pour Bordeaux avec un de ses confrères pour solliciter auprès de la Supérieure des Dames de l'Espérance, congrégation dont le principal but est de se livrer aux soins des malades, l'envoi à Château-Gontier de plusieurs religieuses de son ordre. Leur demande est exaucée. Quatre Sœurs sont envoyées pour commencer l'œuvre. Le 17 février 1831 elles sont installées dans un local provisoire. Plus tard, l'ancien presbytère de la paroisse de Saint-Jean, aliéné pendant la Révolution, est donné pour cette œuvre par l'acquéreur lui-même. Huit Sœurs y sont établies. On les voit à l'œuvre et l'on est émerveillé des services qu'elles rendent. Alors une jolie chapelle est construite ; elle est dotée de vases précieux, de riches ornements, et tous ces dons sont le fruit de la reconnaissance des familles, touchées des soins rendus à leurs malades. De longues années se sont écoulées depuis l'établissement de cette œuvre, et c'est toujours le même enthousiasme en faveur des saintes Filles et du zélé Fondateur.

Les Religieuses de l'Espérance, qui portent aussi le nom de Dames de la Sainte-Famille, ne se bornent pas aux soins des malades. Elles s'occupent aussi des jeunes filles. Elles s'appliquent à former des associations de persévérance, nommées congrégations de la Sainte-Famille. Sous le patronage de M. Gasnier, une association de ce genre a donc été fondée, comme il a été dit ci-dessus, dans l'établissement de Château-Gontier. Elle se compose d'une cinquantaine de jeunes filles qui ont pour Directrice la Supérieure elle-même, et pour Directeur un des Vicaires de la paroisse. On voit ces jeunes filles se réunir chaque dimanche pour écouter une instruction religieuse qui leur est faite de temps en temps, ou pour vaquer à de pieux exercices et se livrer ensuite à des jeux innocents, sous les yeux et avec la coopération de la Supérieure qu'elles regardent et affectionnent comme une véritable mère, et qui, de son côté, les chérit comme ses enfants. Chaque année une retraite est donnée aux membres de l'association, et les exercices de cette retraite sont suivis de la manière la plus édifiante.

Les réunions avaient peine à être contenues, aux jours froids et pluvieux, dans le seul appartement que la maison pût leur offrir. Mais la Providence a pris soin d'y pourvoir. Un vieil édifice, appartenant à la ville, était voisin de l'enclos des Sœurs. Devant cette maison s'étend un magnifique préau, et à l'intérieur se trouve une vaste salle. C'était un local qui convenait à merveille à la Congrégation. La ville voulait bien céder cette maison pour 4,000 fr. mais on n'avait pas un centime pour solder cette somme.

Saint-Joseph se chargea de lever la difficulté. On achète la maison. Une statue de ce grand saint, honoré comme protecteur de la Congrégation, est placée dans la salle destinée aux réunions. De fréquentes prières lui étaient adressées. Le bon saint ne se fit pas prier longtemps ; quelques semaines s'étaient à peine écoulées qu'il chargeait une pieuse Dame, qui se mourait à Château-Gontier, de léguer une somme de 4,000 fr. à l'établissement des Sœurs de l'Espérance, prix de l'acquisition de la maison. On conçoit la joie du Pasteur, de la Supérieure et de ses jeunes protégées et leur reconnaissance envers leur saint Patron, à l'occasion d'une protection si visible.

Ici se présente une autre œuvre que M. Gasnier prit également sous sa tutelle et qui forme comme une annexe de la Congrégation de la Sainte-Famille parce qu'elle se compose d'une partie de ses membres, qui peuvent disposer de leur temps, et des demoiselles des premières familles de la ville. Cette œuvre est un ouvroir pour vêtir les indigents. Ces jeunes ouvrières des pauvres se réunissent tous les lundis dans la salle de la Congrégation, sous la présidence de Madame la Supérieure de l'établissement. Là, c'est à qui travaillera avec le plus de zèle, et ce zèle ne s'est pas ralenti depuis huit ans que cette œuvre a été fondée. Les heureux résultats que produit cette institution feront juger de ses avantages. C'est par deux à trois cents que se comptent les objets confectionnés, chaque année, pour couvrir la nudité des malheureux. Et ce qui rehausse encore le mérite des ouvrières, c'est que chacune d'elles s'est imposé une contribution pécuniaire et annuelle pour procurer la matière des vêtements.

Tant de zèle et de générosité méritait vraiment une récompense. Le vénérable Pasteur se chargea de cette récompense. Il obtint de Mgr Wicart l'autorisation d'un salut du Saint-Sacrement pour clore les heures de travail. Les jeunes ouvrières se rendent alors à la Chapelle de l'établissement pour recevoir une bénédiction, gage de celle qu'elles entendront plus tard de la bouche de Jésus-Christ lui-même lorsqu'il leur dira : « Venez « les bénies de mon Père, recevez le royaume qui « vous a été préparé, car j'ai été nu et vous m'avez « vêtu dans la personne de mes pauvres ». (1)

Il s'agit maintenant d'une œuvre qui ne mérite pas moins que les précédentes une mention toute spéciale, et dans laquelle M. Gasnièr a eu une si large part. La fondation d'un orphelinat pour les jeunes filles, telle est cette œuvre.

Une Demoiselle qui possédait quelques ressources que lui avait laissées sa famille, désireuse de se consacrer au bien des jeunes filles privées de leurs parents, ou appartenant à des parents incapables de les soustraire aux dangers du monde, fit part à M. Gasnier d'un projet d'orphelinat qu'elle avait conçu. Le bon Pasteur voyant, dans la fondation d'un semblable établissement, une source abondante de bien, non-seulement pour sa paroisse, mais encore pour toute la ville, accueillit et encouragea ce projet

(1) Matth., ch. XXV, v. 35 et 36.

avec le plus grand empressement. Cette Demoiselle s'adjoignit alors plusieurs de ses amies, désirant comme elle procurer la gloire de Dieu et le salut des âmes, pour l'aider dans la direction de cet établissement. Quelques enfants furent recueillis et alors l'Œuvre fut commencée.

Cette Œuvre alla assez bien pendant quelques années ; le nombre des orphelines fut même augmenté. Mais la Fondatrice s'aperçut qu'elle avait entrepris une œuvre au-dessus de ses forces. Elle fit part de son impuissance et de son découragement à M. Gasnier, et le pria de demander des Sœurs de St-Vincent-de-Paul, pour leur confier la direction de cet Orphelinat qui menaçait de tomber. Les démarches du Pasteur auprès de la Supérieure des Filles de St-Vincent eurent un plein succès, et quelques Sœurs furent envoyées à Château-Gontier. Mais les ressources ne suffisaient plus; il en fallait de plus grandes pour doter ces Sœurs d'un mobilier et d'un traitement qui pût les faire vivre.

Il n'y avait pas à Château-Gontier d'école gratuite pour les petites filles pauvres des deux paroisses du haut de la ville. M. Gasnier, de concert avec son confrère, songea à en établir une. Mais à quelles maîtresses cette école pouvait-elle être mieux confiée qu'aux Filles de St-Vincent, dont la maison d'ailleurs se trouvait à proximité des deux paroisses. Alors une augmentation de personnel, un surcroît de bâtiments devenaient absolument nécessaires. Il fallait donc de nouveau recourir à la charité des personnes généreuses qui s'était déjà tant de fois signalée. L'appel ne fut pas repoussé. Leur libéralité était inépuisable. Des dons abondants furent accordés, des legs pieux furent faits, sinon pour assurer entièrement l'avenir de l'établissement, du moins pour subvenir aux plus pressants besoins. Dix Sœurs, soixante orphelines, des classes pour recevoir deux cents élèves, de plus, outre l'Ouvroir des orphelines, un autre Ouvroir pour une trentaine de jeunes filles qui manquent de travail en ville, une Association pieuse d'une centaine d'anciennes élèves qui, sous le nom d'Enfants de Marie, viennent chaque dimanche se livrer à des exercices pieux, à une innocente récréation, et auxquelles est aussi accordée chaque année le précieux avantage d'une retraite, voilà l'état où se trouve maintenant cet établissement. Si cette œuvre, qui inspire tant d'intérêt, n'est pas assez dotée pour que les Sœurs et les orphelines ne soient pas quelquefois exposées à la gêne, il faut espérer que le souvenir du pieux Fondateur engagera les personnes charitables à compléter son œuvre.

Si M. Gasnier s'occupait avec tant de soin des jeunes filles, il ne s'occupait pas avec moins de sollicitude des jeunes garçons. Aussi favorisa-t-il de tout son pouvoir l'établissement d'un Patronnage qui put les soustraire aux désordres auxquels ils sont si exposés, dans les grands centres de population. Cet établissement, parfaitement installé dans un vaste enclos environné de murs, recueille chaque dimanche, de soixante à quatre-vingts jeunes gens qui, sous la direction d'un Ecclésiastique, d'un Frère de l'Ecole chrétienne et de plusieurs pieux laïques, y reçoivent l'instruction religieuse et s'y livrent à des jeux convenables à leur âge.

Deux retraites viennent aussi, chaque année, les retremper dans la fidélité aux devoirs religieux et civils.

La reconnaissance ne permet pas d'oublier ici un vénérable Ecclésiastique, ancien curé d'une des paroisses de Château-Gontier, qui coopéra généreusement à cette œuvre. Ce digne prêtre, mort depuis curé d'une paroisse de Laval, est allé recevoir la récompense de sa charité et de son amour pour le bien.

Ce Patronnage demandait un complément dont l'absence le mettait dans l'impossibilité de produire aucun bien durable. Les membres anciens, devenus hommes, ne pouvaient plus rester associés aux enfants nouvellement admis. Il leur fallait une autre œuvre qui pût leur procurer des moyens de préservation dont leur sortie du Patronnage leur imposait la privation. Cette œuvre ne pouvait être qu'un Cercle catholique pour les ouvriers.

Un jeune officier supérieur, appartenant à une des familles les plus recommandables et les plus catholiques du pays, suggéra l'idée de ce cercle à M. Gasnier, qui l'accueillit avec empressement, et de concert avec lui, posa les premiers fondements de cette institution. La mort vint malheureusement interrompre les efforts du vénérable curé. Mais la semence était jetée, et elle devait produire son fruit, malgré les obstacles et les oppositions de toute nature qui voulaient l'étouffer dès sa naissance. C'était une œuvre de Dieu, par conséquent l'enfer devait s'agiter pour en empêcher le succès.

Grâce au zèle du digne successeur de M. Gasnier, grâce aux efforts constants du pieux laïque, nommé Président du Comité directeur de l'Œuvre, et auquel le vénéré défunt l'avait chaudement recommandée sur son lit de mort, grâce surtout aux prières de ce saint Prêtre, le Cercle catholique des Ouvriers de Château-Gontier est maintenant un fait accompli.

C'était le 2 février 1878, qu'élaborée pendant

dix-huit mois, cette Œuvre de régénération sociale était définitivement fondée. Ici la parole est à la *Gazette de Château-Gontier*, qui rend ainsi compte de cette inauguration, dans son numéro du 10 février suivant.

« L'Œuvre des Cercles catholiques d'Ouvriers « a conquis, dimanche dernier, sa place en notre « ville et déployé vaillamment son glorieux dra- « peau portant l'image et la devise du Labarum : « *In hoc signo vinces* ».

« Dès le matin, les Membres directeurs, les « Dames associées, les Ouvriers, se sont réunis « dans la chapelle des Frères pour entendre la « Sainte-Messe ; ils ont prié ensemble ; les coeurs « se sont rencontrés au pied du même Dieu, dans « un élan unanime d'amour et de foi. Cette réu- « nion, nous l'espérons, n'est que le prélude « d'autres plus nombreuses, où tous apprendront « à se connaître, à s'estimer, à s'aimer.

« Ce même jour étaient convoqués pour cinq « heures, dans la salle du Collége, le Clergé, les « Directeurs de l'Œuvre, les Dames associées,

« les Chefs d'Ateliers, les Ouvriers eux-mêmes, et « tous ceux qui les aiment. Bien que cette réunion « fut une réunion privée, où l'on ne pouvait entrer « sans une invitation personnelle, l'assistance « était nombreuse : plus de trois cents personnes « avaient répondu à l'appel. Que n'a-t-elle été « plus nombreuse encore ! Nous aurions voulu « que tous puissent connaître cette œuvre, son but « si noble, si élevé, si propre à inspirer le zèle « et le dévouement.

« Après un morceau de musique exécuté par « les élèves du Collége, M. Sesboüé, président « de l'œuvre, adresse quelques mots à M. le « Vicaire-Général, M. Dulong de Rosnay, qui « veut bien nous prêter le concours de sa bril- « lante et sympathique parole. Il raconte « l'origine de l'œuvre à Château-Gontier, ses « humbles débuts, ses progrès, dus surtout au « dévouement des Dames associées, toujours si « prètes à faire le bien. Il dit ses espérances « fondées sur l'approbation et l'appui du Pape, « des Evêques, de tout le Clergé, et a un

« souvenir ému pour ce saint Archiprêtre, qui a « tant encouragé l'œuvre à sa naissance, qui n'a « pu ici-bas la voir grandir et se développer, mais « qui ne l'oubliera pas au Ciel. Il termine par « ces mots : Merci, à ces chers ouvriers qui, sans « regarder en arrière, ont le courage et la géné- « rosité d'affirmer leur foi en venant chercher au « Cercle les moyens de la préserver de toute « atteinte. Qu'ils soient convaincus que nous les « aimons et que pour le leur prouver, les sacrifices « ne nous coûteront pas.

« M. le Vicaire-Général prend ensuite la parole. « Il nous apporte tous les regrets et les bénédic- « tions les plus tendres de Mgr l'Evêque de Laval, « que la souffrance retient loin de nous. Mais « comment dire le charme, la chaleur et la puis- « sance de ce discours, qui fait courir dans toute « l'assemblée des frémissements et des émotions, « éclatant en applaudissements enthousiastes. « L'analyser, ce serait le déflorer.

« Le cœur d'un soldat qui ne bat que pour « l'Eglise et la Patrie, a inspiré l'œuvre. M. Dulong

« de Rosnay l'a vu naître, il l'a bercée avec amour,
« il l'a suivie dans sa marche progressive sur toute
« la France, avec une sollicitude toute paternelle.
« Qui pourrait mieux que lui la faire comprendre
« et aimer; dire au chrétien qu'il n'a pas reçu
« pour lui seul, les dons du talent, de la fortune,
« de la noblesse ou du succès; que si Dieu les
« lui a gratuitement départis, c'est à la condition
« de les répandre autour de lui, de *s'incliner* ou
« plutôt de *monter* vers l'ouvrier, d'essuyer ses
« larmes et ses sueurs, de voir dans sa personne
« l'image du Sauveur se faisant par choix simple
« travailleur, et de lui rendre compte un jour
« de l'emploi de tous les avantages qu'il lui
« avait prodigués.

« Comment reproduire les tableaux saisissants
« du mal causé dans notre pauvre France, par
« l'impiété du dix-huitième siècle : la peinture de
« ce sombre nuage tombant sur notre patrie, la
« foudroyant et la brisant comme la foudre abat et
« pulvérise l'arbre qu'elle a frappé ? Comment
« redire cette scène de la tranchée ? Comment

« peindre l'indignation de l'orateur, son souve-
« rain mépris pour l'égoïsme d'un soldat s'in-
« quiétant peu de la France, de la perte de
« l'Alsace et de la Lorraine, et ne demandant
« qu'un lit bien chaud pour se reposer ?

« Quels accents enthousiastes pour ces zouaves
« de Patay que ne soutenait pas l'*esprit laïque*
« mais la foi chrétienne ? Et ce glorieux épisode
« de Bazeilles ! cette femme avec ses deux en-
« fants, prise par l'ennemi, tenant encore dans sa
« main le chenet ensanglanté avec lequel elle a
« défendu son foyer, conduite devant le général
« prussien qui lui crie avec colère : « Française
« à genoux ». Et cette femme se relevant et jetant
« au général cette sublime parole : « Une Fran-
« çaise ne s'agenouille que devant Dieu ! » Ah !
« notre France aussi, malgré ses malheurs, ne
« doit s'agenouiller que devant Dieu, avec l'appui
« duquel elle sera sauvée par l'union et le dévoue-
« ment de toutes les classes et de tous les cœurs,
« par la guerre sans trêve ni merci à l'*égoïsme*
« *intransigeant*.

« Qu'on nous pardonne ces quelques lignes, « témoignage bien imparfait de notre reconnais- « sance et de notre admiration ; puissent-elles ne « pas ternir la beauté de cette parole qui a pénétré « au plus intime de nos âmes, les a réchauffées et « fortifiées.

« Sous le charme de cette parole si manifeste- « ment convaincue, nous n'avons pu chercher, « comme d'autres, nous l'avouons humblement, à « découvrir derrière « le sens littéral de la pensée « de l'orateur », un sous-entendu quelconque. « Nous avons la naïveté de croire encore que le « dévouement désintéressé n'est pas absolument « introuvable, même dans « notre petit endroit », « et ceux de nos concitoyens que nous avons « l'honneur de connaître, ne nous ont pas donné « d'eux si mauvaise opinion qu'il nous semble « impossible de leur voir partager « les larges « idées et les beaux sentiments » si bien exprimés « par M. Dulong de Rosnay.

« L'œuvre a donc été implantée à Château- « Gontier ; nous avons la confiance qu'elle vivra.

« Les hommes de foi et de bonne volonté se join-
« dront à nous ; nous les attendons avec impa-
« tience et les recevrons avec bonheur. Le nom-
« bre des Dames associées, si considérable déjà,
« s'accroîtra encore, et les ouvriers se féliciteront
« de plus en plus de trouver toujours à ce Cercle
« des amis vrais et dévoués, et un accueil tout
« fraternel.

« Ils peuvent se rassurer sur les craintes qu'on
« voudrait leur inspirer. Libres d'entrer au Cercle,
« ils ne le seront pas moins de le quitter, si le
« règlement de demain » ne leur paraît pas
« répondre « aux sentiments d'hier ». Ce n'est
« pas dans les Cercles catholiques, mais ailleurs,
« qu'on fait prononcer à l'adepte imprudent un
« serment qui le retient malgré lui, alors même
« qu'il s'aperçoit qu'on le conduit où il ne veut
« pas aller. C'est une première différence entre
« les œuvres de « philanthropie pure » et les
« œuvres de « charité chrétienne ».

X̂...

Dans cette solennité un regret s'imposait à

tous les cœurs. Hélas! Il n'était plus là celui qui avait donné naissance à cette œuvre! Combien n'eût-il pas été heureux de la voir dans sa pleine maturité, et d'en recueillir les premiers fruits? Combien sa présence n'eut-elle pas ajouté à l'éclat et à l'intérêt de cette fête?

Un des plus redoutables fléaux qu'ait à craindre un pasteur pour ses ouailles, ce sont les mauvais livres. Aussi M. Gasnier tenait-il, sentinelle vigilante, l'œil ouvert sur le danger de ces funestes productions. Les premières années de son ministère à Château-Gontier s'écoulèrent sans qu'il eut trop à déplorer les suites de ce danger. De pieux laïques, dont il s'empressa d'utiliser les bonnes dispositions, avaient pris à cœur d'y mettre obstacle, par la fondation de petites bibliothèques morales et religieuses dont ils louaient les livres à prix modique.

Mais bientôt cette barrière fut rompue et le fléau fit invasion dans une mesure effrayante. Un cabinet de lecture, où se trouva collectionné tout ce que la basse littérature avait de plus impie et de plus immonde, ouvrit ses portes au public.

Triste époque pour Château-Gontier ! Que d'habitants de la ville et des campagnes, que de pauvres jeunes gens, que d'imprudentes jeunes filles sont venus puiser la mort à cette source empoisonnée.

Il fallait opposer un remède à ce fléau envahisseur. Il n'y en avait pas d'autre que l'œuvre des bons livres, mais plus largement comprise qu'elle ne l'avait été jusqu'à ce jour. Cette œuvre, M. Gasnier l'entreprit avec tout le zèle et tout le développement possibles. Une bibliothèque composée d'ouvrages tout à la fois religieux, instructifs et amusants et dont le prêt devait être gratuit, fut fondée avec le concours de personnes qu'il avait su enrôler dans une sainte croisade contre ce torrent impur. Un comité de Dames patronesses fut institué pour recueillir des dons pécuniaires. Ces dons joints à leurs propres cotisations et au produit d'un sermon de charité, prêché chaque année, le jour de la fête de Saint-Joseph, patron de l'œuvre, procurent d'abondantes ressources pour augmenter les volumes et satisfaire ainsi de nombreux lecteurs. Le dernier compte-rendu accusait un roulement de dix mille volumes. Dix mille volumes prêtés ! Que d'âmes avides de lecture devront au saint Fondateur la conservation de la foi et des mœurs !

Un jour, un médecin de Château-Gontier rencontre M. le Curé de St-Jean. Connaissant son désir ardent de subvenir à toutes les nécessités : « Monsieur le Curé, lui dit-il, il y a une Œuvre dont le besoin se fait sentir à Château-Gontier et qui irait parfaitement à votre charité. C'est une Maternité où les femmes pauvres puissent aller faire leurs couches. » Ce peu de paroles produisit son effet. Quelques mois après, cette maternité était fondée. Depuis cette époque, les femmes d'ouvriers peu aisés sont admises dans la maison destinée à cette œuvre, lorsque le temps de leur délivrance approche. Elles y reçoivent tous les soins que réclame leur position. Une sage-femme, attachée à l'établissement, est entièrement à leur disposition, et elles ne sortent de la maison que lorsqu'elles sont tout-à-fait rétablies, recevant une layette pour leur nouveau-né. (1)

Une autre Œuvre de M. Gasnier mérite encore d'être mentionnée parce qu'elle a bien son utilité.

La paroisse ne possédait qu'une mauvaise horloge. Usée de vétusté, cette horloge se dérangeait continuellement. Le public souffrait de cette irrégularité, les ouvriers surtout ne savaient à quoi s'en tenir pour leurs heures de travail. Touché de ce grave inconvénient, M. Gasnier résolut d'y pourvoir. Il prit alors à cœur l'établissement d'une nouvelle horloge dans le clocher de son église. Il s'adressa au célèbre Gourdin, si connu par toute la France pour son habileté dans ce genre d'ouvrage. Une horloge de cet adroit mécanicien fut donc placée dans la tour de l'église de Saint-Jean, et, à l'extérieur de cette tour, furent appliqués deux immenses cadrans pour annoncer les heu-

(1) Un riche propriétaire de Château-Gontier, voulant s'associer à cette Œuvre si charitable, a fait, depuis peu, don à l'établissement d'un capital considérable pour augmenter les secours à donner aux mères et aux nourrissons.

res aux principales parties de la ville. Voilà vingt ans que cette horloge fonctionne à la grande satisfaction des habitants, qui bénissent le bon Curé de Saint-Jean pour cette œuvre si utile, comme pour toutes les autres.

Telles sont les principales œuvres fondées à Château-Gontier par le vénérable M. Gasnier. Ce détail a pu faire voir que, si cet excellent Curé mettait tout son bonheur à procurer le bien spirituel de ses paroissiens, c'était aussi pour lui une bien douce satisfaction de procurer leur utilité temporelle.

Jusqu'en 1846, les honneurs que M. Gasnier avait si bien mérités ne s'étaient pas cependant présentés. Mgr Bouvier, peut-être un peu trop avare de dignités, n'avait pas encore conféré à ce digne Prêtre le titre de chanoine honoraire, malgré toute l'estime et toute l'affection qu'il lui portait. L'opinion publique s'en étonnait. Enfin elle obtint satisfaction.

Le 1er Mai de cette année 1846, M. Gasnier

recevait le titre de chanoine honoraire de l'église cathédrale du Mans.

Le 29 décembre 1851, il était honoré du titre d'Archiprêtre.

Quelques années plus tard la partie du diocèse du Mans, contenue dans le département de la Mayenne, était séparée de ce grand Diocèse pour être érigée en Evêché par S. S. Pie IX. Mgr Wicart, nommé évêque de ce nouveau Diocèse, ne tarda pas à concevoir la plus grande estime pour M. l'Archiprêtre Gasnier. Un des premiers choix pour le Canonicat honoraire de sa nouvelle église cathédrale tomba sur lui. Le 31 Janvier 1859, une ordonnance épiscopale lui conférait cette dignité.

Pendant le long épiscopat de Mgr Wicart, l'affection qu'il avait conçue pour M. l'Archiprêtre de Saint-Jean de Château-Gontier alla toujours croissant. Il ne cessait de lui en donner les marques les plus touchantes. Ce fut ainsi qu'invité par le vénérable Archiprêtre à assister à ses Noces d'Or et à prêcher à cette cérémonie, le Prélat accepta de la meilleure grâce : « Je ferai pour vous, » lui dit-il, « ce que je n'ai jamais fait et ce que je ne ferai jamais pour d'autres. »

Cette affection se faisait aussi remarquer lorsque Sa Grandeur apprenait que le bon Archiprêtre était malade. « Je vous charge, » écrivait-il à un de ses Vicaires, « je vous charge d'embrasser votre excellent Curé pour moi et de lui dire combien je prends part à ses souffrances, et je vous recommande expressément de me tenir au courant de sa maladie. »

Monseigneur Le Hardy du Marais, successeur de Mgr Wicart, avait à peine entrevu le vénérable Archiprêtre, M. Gasnier, que déjà il avait conçu pour lui la même estime et la même affection. Lorsque le même vicaire lui eut annoncé la maladie si grave qui devait être la dernière pour le saint Prêtre : « Cher Monsieur l'Abbé, lui répon-« dit-il, c'est avec la plus grande peine, vous le « comprenez, que j'apprends la situation si grave « de l'excellent Archiprêtre de Château-Gontier,

« je vous conjure de me tenir au courant des « phases de sa maladie ».

Et quand il eut appris sa mort : « Cher Mon-« sieur l'Abbé, c'est avec la plus vive douleur « que j'apprends le terrible coup qui vient de « frapper mon clergé dans la personne du véné-« rable Archiprêtre de Château-Gontier. Je ne « doute pas que nous n'ayons un puissant inter-« cesseur près de Dieu. Soyez sûr cependant que « je partage toute votre affliction, et je vous « envoie ma meilleure bénédiction à vous et à « toute la paroisse désolée ».

Pour revenir aux honneurs qui furent enfin accordés à M. l'Archiprêtre Gasnier, on comprend facilement la joie qu'éprouvèrent ses paroissiens à l'occasion de ces honneurs si légitimement dus. Ils la manifestèrent par les félicitations qu'ils s'empressèrent de venir lui adresser.

Mais cette joie prit tout son essort lorsque, le 39 septembre 1869, M. l'Archiprêtre, parvenu à la cinquantième année de son sacerdoce, voulut célébrer ses Noces d'Or. Ici l'auteur de cette

Notice laisse à une plume beaucoup plus exercée et plus capable que la sienne, le soin de retracer cette splendide solennité.

On lit dans le *Journal de Château-Gontier*, du 3 octobre 1869 :

« La ville de Château-Gontier », c'est M. l'Abbé Barbé, Directeur de l'Institution libre de cette ville qui parle, « La ville de Château-Gontier « vient d'être témoin d'une fête religieuse dont « elle gardera longtemps le souvenir. Mercredi « dernier, M. l'Archiprêtre de Saint-Jean célé- « brait par une messe solennelle le cinquantième « anniversaire de son sacerdoce.

« C'est un spectacle toujours bien émouvant « que celui d'un vieillard, dont les cheveux ont « blanchi dans les travaux apostoliques, s'ache- « minant vers l'église, un cierge à la main, après « avoir entonné le *Veni Creator*, franchissant les « degrés de l'autel et se préparant à immoler « l'Auguste Victime au milieu de circonstances « qui lui retracent si vivement, par leur analogie, « celles de sa première messe. Il semble que son

« âme doive puiser dans ces souvenirs de cin-
« quante ans, une nouvelle jeunesse, et l'on de-
« vine sans peine, on partage avec bonheur les
« émotions qui l'animent.

« Mais si ce Prêtre a vieilli au sein d'une popu-
« lation qui, depuis plus de quarante ans, connaît
« et apprécie ses vertus sacerdotales; si des œu-
« vres considérables témoignent de son zèle et de
« sa charité; si son cœur ni sa main ne restèrent
« jamais fermés en présence de l'infortune; s'il a
« vécu pour son peuple, se dépensant lui-même
« après avoir tout dépensé; si, dans une position
« éminente, il a été, pendant de longues années,
« le conseil et le modèle d'un nombreux clergé,
« le jour de sa cinquantaine sera la fête d'une
« ville entière : les autorités, les magistrats,
« répondant au vœu public, lui feront cortége,
« les travaux seront partout suspendus, et la foule,
« endimanchée, se pressera aux portes de l'église,
« trop petite pour la contenir. Des prêtres, au
« nombre d'une centaine, viendront former à ce
« Confrère vénéré une couronne d'honneur, prier

« avec lui et pour lui. Bien plus, l'Evêque du « diocèse, faisant trève pour un moment aux « graves sollicitudes de son ministère pastoral, « viendra lui-même rehausser de sa présence « l'éclat de cette fête, et, par cette distinction « unique, il comblera de gloire le Pasteur et le « Troupeau. L'émotion alors deviendra de l'en- « thousiasme, et ce sentiment se manifestera sous « toutes les formes, par les exclamations et les « murmures de la foule, par l'épanouissement « des visages, par les accents de l'harmonie, par « les guirlandes et les oriflammes décorant les « maisons et les rues, par les lignes de feu qui « viendront s'y mêler dans la soirée. Tel était le « caractère de la fête à laquelle nous assistions « mercredi.

« La veille et le matin, la voix du canon se « mêlant au son des cloches, l'avait annonçée.

« A dix heures, Monseigneur arrivait au Pres- « bytère, où s'étaient réunis le clergé, les auto- « rités, les marguilliers et les membres de la « Conférence de Saint-Vincent-de-Paul, et où

6

« M. l'Archiprêtre, revêtu de ses habits sacer-
« dotaux, attendait dans le recueillement et la
« prière. Le cortége se mit aussitôt en marche,
« précédé de la musique de la Société Philharmo-
« nique, qui avait offert gracieusement son con-
« cours, et l'on traversa la place de Saint-Jean,
« au milieu d'une foule nombreuse et émue qui
« n'avait pu trouver place dans l'église, remplie
« depuis longtemps.

« Jamais cette église ne nous parut ornée avec
« autant de goût et de magnificence. Bien des
« mains sans doute ont contribué à confectionner
« ces fleurs, ces lustres, ces guirlandes d'un si
« bel effet; manifestement elles ont été guidées
« et soutenues par l'amour et la reconnaissance.

« La messe fut chantée en musique par les
« enfants de l'Ecole des Frères. Après l'Evangile,
« Monseigneur monta en Chaire. S'inspirant des
« belles pensées de Saint-Jean-Chrysostôme sur
« le Sacerdoce catholique, Sa Grandeur rappelait
« la haute dignité, la mission, les vertus du Prêtre.
« C'était pour faire remarquer ensuite à son audi-

« toire que le magnifique tableau tracé par le « saint Docteur, était un portrait fidèle du Pas- « teur qu'on fêtait en ce jour. Puis, mêlant à « l'éloge si honorable, mais si mérité, qu'il venait « de faire des enseignements toujours nécessaires, « le Prélat nous exhortait tous, prêtres et fidèles « à ne point nous ralentir, mais à nous assurer « la couronne promise à ceux qui auront, jusqu'à « la fin, combattu le bon combat.

« Après ce discours, écouté dans le plus reli- « gieux silence, et avec la sympathie la plus mar- « quée, M. l'Archiprêtre acheva le saint Sacri- « fice, et l'on retourna ensuite au Presbytère dans « le même ordre que l'on était venu.

« Quelques instants plus tard, les classes des « Frères transformées, avec un art remarquable, « en salle de festin, recevaient les nombreux « convives de M. l'Archiprêtre. Une gaieté vive « et cordiale s'établit promptement à toutes les « tables, et l'on put juger, à l'entrain des conver- « sations, de l'allégresse qui régnait dans tous « les cœurs. On fut heureux d'entendre et d'ap-

« plaudir de nouveau, pendant le dîner, plu-
« sieurs morceaux exécutés par la Société Philhar-
« monique, avec une habileté dont il n'y a plus à
« faire l'éloge, tant elle est universellement re-
« connue.

« On touchait à la fin du repas lorsque d'éner-
« giques applaudissements retentirent tout à coup
« dans la salle : un portrait de M. l'Archiprêtre,
« dû au pinceau de M. Touzé, maître de dessin à
« l'Institution libre, venait d'apparaître. M. Ses-
« boüé, notaire à Château-Gontier et membre de
« la Fabrique de Saint-Jean, se lève alors, et,
« dans un langage d'une mesure parfaite, il re-
« mercie Monseigneur, au nom du Conseil de
« Fabrique, de l'honneur que Sa Grandeur fait à
« tous par sa présence à cette fête; puis il rap-
« pelle les œuvres extérieures, les établissements
« auxquels M. le Curé de Saint-Jean a attaché
« son nom. Ce discours est accueilli avec une
« sympathie très-marquée par tous ceux qui sont
« à portée de l'entendre.

« Un ami de M. l'Archiprêtre, depuis plu-

« sieurs mois à Rome, avait voulu se faire repré-
« senter à la fête de Château-Gontier par une
« pièce de vers très-remarquable, que M. le Pré-
« sident de la Conférence de Saint-Vincent-de-
« Paul a lue avec beaucoup de chaleur. Signa-
« lons enfin deux allocutions faites par des enfants
« et plusieurs morceaux de chant, heureusement
« inspirés par la circonstance, entr'autres la
« chansonnette qui se trouve à la fin de cet article
« et qui a été chantée avec un entrain extraor-
« dinaire.

« On devine, sans qu'il soit besoin de l'ajouter,
« que le bon Curé n'avait eu garde d'oublier ses
« pauvres.

« A sept heures, une foule nombreuse se pres-
« sait de nouveau dans l'église de Saint-Jean. Le
« clergé de Château-Gontier qui avait tenu à
« prendre, la veille, l'initiative des démonstra-
« tions, par une démarche faite en corps chez
« M. l'Archiprêtre, se retrouvait là tout entière.
« M. le Curé monta en chaire, et dans une allo-
« cution chaleureuse, remercia ses paroissiens,

« ses confrères et tous ceux qui avaient pris quel-
« que part aux manifestations dont il était l'ob-
« jet. Pendant ce temps, les façades des maisons
« s'étaient couvertes de lanternes vénitiennes, de
« verres de couleurs, de transparents au chiffre
« de l'Archiprêtre. Bien que contrariée par un
« vent assez vif, l'illumination sur beaucoup de
« points était splendide. Depuis la proclamation
« du dogme de l'Immaculée-Conception et la
« première visite de Mgr Wicart à Château-Gon-
« tier, nous n'avons rien vu d'aussi complet et
« d'aussi beau.

« De telles fêtes sont bonnes à tous égards.
« Outre qu'elles ne laissent après elles ni un
« regret, ni un remords, elles prouvent que la
« vertu, l'abnégation, le dévouement chrétien,
« sont toujours en possession d'exciter au plus
« haut degré l'amour et la reconnaissance des
« peuples.

« Voici maintenant la chansonnette dont il a
« été question dans cet article. Elle est inti-
« tulée :

## COUPLETS

Composés par un artiste parisien, sur le cinquantième anniversaire du sacerdoce de M. l'Archiprêtre de Château-Gontier

Pour l'intelligence de certaines expressions renfermées dans ces couplets, l'auteur les a fait précéder du petit préambule suivant :

« Il existe à Paris un auteur très-prolixe et « surtout très-toqué qui, dans tous ses ouvrages « emploie le qualificatif *archi* jusqu'à extinction. « Son dernier ouvrage, qu'il a fait paraître « en se présentant aux élections, est intitulé : « *L'Archiunitéisme* ou *l'Archimoyen de procurer « par la pratique des archivertus une archiféli- « cité à tous les peuples de l'archiunivers. etc., « etc., par un Archiphilanthrope.*

« L'auteur de ces couplets a donc employé le « mot *archi*, puisqu'il s'agit d'un bon pasteur qui « porte l'honorable titre d'archiprêtre. S'il a voulu « plaisanter sur l'un, son intention a été bien « certainement d'honorer l'autre.

## L'ARCHIPRÊTRE

Je ne viens point chanter ici
*L'archi...unitéisme*
Qui pourrait sentir le roussi
Ou bien le communisme;
Sans être *archi...duc*
Quinteux ou caduc,
Des lieux qui m'ont vu naître,
Je veux essayer
De glorifier
L'honorable Archiprêtre !

Son patron, le grand saint Michel,
Doit être, je le gage,
Dans un jour aussi solennel,
Fier de son patronage.
*Archi...chancelier...*
*Archi...trésorier...*
Ces titres, beaux, peut-être,
Courus ici-bas,
Ne l'emportent pas
Sur celui d'Archiprêtre !

Lorsque nous pouvons en maints lieux
Voir plus d'un *archi...riche;*
Pour secourir les malheureux,
Se montrer *archi...chiche.*
Pour notre Doyen,
Qui fait tant de bien.
Sans le laisser paraître,
Unissons nos voix,
Chantons à la fois,
Gloire au digne Archiprêtre !

Des vertus qui brillent en lui
Pour établir la liste

Il n'est pas besoin aujourd'hui
D'être grand *archi...viste* ;
Malades soignés...
Enfants enseignés...
Le font assez connaître,
Et Château-Gontier,
D'accord, tout entier,
Bénit son Archiprêtre !

Nul besoin pour son dernier jour
D'un illustre *archi...tecte* ;
Ce bon Pasteur que sans détour
Chacun aime et respecte
Comme un digne élu
Sera bien reçu
Par le souverain maître !...
Et dans l'avenir,
Un long souvenir
Suivra notre Archiprêtre !

A cette chansonnette doivent être joints le discours de M. Sesboüé et la pièce de vers dont fait mention le même article. Le lecteur les lira avec plaisir.

## LE DISCOURS

« Monseigneur,

« Une voix plus autorisée que la mienne, de-
« vait vous dire les sentiments de chacun ; quel-
« que indigne que je me reconnaisse de parler à
« sa place, j'ai compté sur votre indulgence, et
« je n'ai pu résister au besoin de vous exprimer

« notre bonheur à tous, en vous voyant signaler « et rehausser par votre présence la fête d'aujour- « d'hui. Nous connaissons toutes les charges de « votre ministère pastoral, vous les avez quit- « tées cependant et vous avez voulu accorder à « M. l'Archiprêtre de Saint-Jean une distinction « spéciale, que méritait bien d'ailleurs une vie si « pleine d'œuvres, toute de dévouement et d'ab- « négation.

« Permettez-moi, Monseigneur, d'essayer de « rappeler en quelques mots le bien qu'il a fait; « je vais certainement blesser son humilité, mais « sa charité me le pardonnera. Vous avez dit ses « vertus sacerdotales et les nombreuses âmes « qu'il a conduites sur le chemin du Ciel; je ne « veux rappeler ici que les témoignages exté- « rieurs et permanents de son activité et de son « zèle inépuisable.

« Par ses soins notre antique église restaurée, « embellie, se prête, comme nous le voyions ce « matin, à toute la magnificence des pompes reli- « gieuses.

« Qui pourrait dire au prix de quels sacrifices, « de quelle sollicitude, il a créé ce magni- « fique établissement des Frères, dont nous admi- « rons aujourd'hui l'entier développement.

« N'oubliant aucune misère, il a rassemblé sous « l'égide et la tutelle intelligente des Sœurs de « Saint-Vincent-de-Paul, les orphelines, et il a « rendu à ces pauvres jeunes filles les soins, la « sollicitude et le cœur de leurs mères.

« Les malades n'ont point échappé à ses préoc- « cupations ; grâce à lui, ils ont à leur chevet les « Sœurs de l'Espérance, ces anges de la terre, « qui adoucissent leurs souffrances, consolent « leurs longues veilles, soutiennent leur courage « et font luire à leurs yeux toutes les espérances « du Ciel.

« Je ne parle que de ce qui éclate et brille aux « yeux de tous ; mais Dieu seul sait et peut « compter tout le bien qu'il a fait, tous les secrets « de cette ingénieuse charité qui, après avoir tout « dépensé, savait se dépenser elle-même.

« Mais puis-je taire cette facilité de relations,

« ce charme de caractère, cette inépuisable et « douce gaieté, cette hospitalité si grâcieuse pour « tous, cette bienveillante et si chrétienne cha- « rité : chacun les connaît et votre présence, « Monseigneur, cette nombreuse couronne de « prêtres, d'autorités, ce concours empressé de « la population, parlent bien plus haut que ce « que l'on pourrait dire.

« Je n'ajouterai plus qu'un mot : Il a été bon, « il a été indulgent, il a été bienfaisant pour tous, « il n'a été dur et sévère que pour lui-même.

« Pardon, Monseigneur, d'avoir été si long et « cependant je n'ai pas tout dit.

« Permettez-moi, en finissant, de vous témoi- « gner, au nom de la Fabrique, notre recon- « naissance, de vous remercier de nous avoir « honorés de votre présence, et d'exprimer à « Votre Grandeur et à celui que vous me lais- « serez appeler l'Elu de la fête, nos vœux les « plus sincères.

« Puisse M. l'Archiprêtre de Saint-Jean être « longtemps encore l'objet de notre affection;

« puisse-t-il pendant de longues années, nous « édifier par l'exemple de ses vertus ».

## LA PIÈCE DE VERS

Il est à regretter que le nom du Compositeur doive être passé sous silence. Ce n'est qu'à cette condition qu'il a bien voulu permettre de citer ses vers.

I

L'an mil huit cent dix-neuf, sous le règne de Pie.
Deux lévites, ornés d'une nouvelle vie,
Pour la première fois montaient au saint autel.
Avec le même amour et la même espérance ;
L'un était d'Italie, et l'autre était de France,
Le premier nommé Jean et le second Michel.

II

Tous deux étaient issus d'une vaillante race
Incorporée au Christ ; la nature et la grâce
Les avaient à l'envi décorés de leurs dons ;
La douce charité de ses ardentes flammes
Embrasait leurs deux cœurs, sanctifiait leurs âmes,
Et faisait rejaillir son éclat sur leurs fronts.

III

On aimait à les voir, surtout à les entendre
Prêcher le Christ Jésus d'une voix forte et tendre,
Annoncer sa doctrine et sa divine Loi ;
Et comme ils unissaient l'exemple à la parole,

Les peuples accouraient en foule à leur école
Pour y puiser l'amour, l'espérance et la foi.

IV

A toutes les douleurs, à toutes les misères,
Ils ouvraient volontiers leurs entrailles de pères,
Le malheureux jamais ne les priait en vain,
Ils donnaient et donnaient sans avoir de ressources,
Et se donnaient après avoir vidé leur bourse
Avec un cœur cent fois plus large que leur main.

V

Des humbles fonctions de Chapelain d'hospice
Au degré le plus haut de la sainte milice,
Jean Mastaï monta comme l'astre du jour
Qui prodigue ses feux, ses clartés à la terre.
Il courut à grands pas dans la sainte carrière,
Versant autour de lui la lumière et l'amour.

VI

Sans avoir cet éclat, ô Michel, ta carrière
Eut aussi ses grandeurs, ton fécond ministère
Engendra, grâce à Dieu, plusieurs milliers d'élus;
Dans la chaire sacrée, au tribunal de grâce,
Au lit des moribonds, qui ne trouve la trace
Des bienfaits que partout ont laissés tes vertus?

VII

Si contre le péché ton zèle est admirable,
Aux coupables ton cœur, trésor inépuisable,
Est largement ouvert en tous lieux, en tout temps:
Toujours l'amour du Christ bouillonne dans ton âme,
Et si ton corps vieillit, ton cœur garde la flamme
Qui déjà le brûlait à l'âge de vingt ans.

VIII

De ce qu'aime Jésus ta grande âme est éprise;
De là ton dévouement si profond pour l'Eglise,
Pour la ville éternelle et le Pontife Roi.
Deux fois tu visitas le tombeau de saint Pierre,
Et deux fois incliné sous la main du saint Père,
Tu dis avec amour : Christ, augmente ma foi?

IX

Oui, ta foi, ton amour se sont accrus à Rome,
Où chaque vertu puise un salutaire arôme;
Tu revins plus zélé pour l'honneur du saint lieu,
Plus attaché de cœur aux doctrines romaines,
Et tes mains, ô Michel, n'en furent que plus pleines,
Pour venir au secours des pauvres du Bon Dieu.

X

Ta vie est un reflet de celle du Saint-Père,
Comme lui, tu sais joindre au travail la prière,
Toujours prêt à combattre aussi bien qu'à souffrir,
Cherchant Dieu seul, tu mets en lui ton allégresse,
Et désires n'avoir ici d'autre richesse
Que celle de bien vivre afin de bien mourir.

XI

Dirai-je encor cet air et loyal et sincère,
Avec lequel tu sais accueillir un confrère,
Ton amour pour les tiens et ta joyeuseté
Qui, sans jamais blesser, provoque le franc rire,
Et tes soins scrupuleux pour empêcher tout dire
Ou tout acte qui pût blesser la charité.

XII

Rome hier célébrait de Jean la cinquantaine,
Château-Gontier célèbre en ce beau jour la tienne,

Avec la même ardeur, le même esprit de foi :
Ce vénéré Pontife appelant sur ta tête
Les célestes faveurs, ces clercs, ce peuple en fête,
Ces parents, ces amis, tous disent : Gloire à toi !

XIII

Ou plutôt gloire, honneur et louange immortelle,
Au Seigneur qui t'a fait son serviteur fidèle
Et son vaillant ministre ! Ah ! puisse son amour
(C'est le sincère vœu que d'ici je t'adresse)
Augmenter tes vertus pour orner ta vieillesse
Et centupler ta gloire au céleste séjour.

Rome, avril 1869.

A ce témoignage si honorable d'affection pour le digne Archiprêtre de Château-Gontier, l'auteur de ces vers en ajouta un autre plus précieux encore.

On lit dans le même *Journal de Château-Gontier*, du 3 octobre 1869. « Nous apprenons que « sur la demande de M. l'Abbé X..., en ce mo- « ment à Rome, le Souverain Pontife a daigné « accorder à M. l'Archiprêtre de Château-Gon- « tier, la bénédiction apostolique à l'occasion du « cinquantième anniversaire de son Sacerdoce.

On ne saurait oublier, dans le récit de cette

magnifique fête, quelques-unes des paroles que M. l'Archiprêtre adressa, vers la fin du dîner, à MM. les Membres de la Société Philharmonique qui s'étaient réunis dans le préau de l'Etablissement des Frères pour y faire entendre de nouveaux airs en l'honneur du héros de la fête, paroles que le vénérable Archiprêtre avait si bien le secret de trouver dans son cœur et qui furent applaudies par MM. les Musiciens avec un véritable enthousiasme.

« Messieurs, vous m'avez conduit ce matin à « l'Eglise aux sons harmonieux de vos instru- « ments. Je voudrais, à mon tour, en reconnais- « sance de l'honneur que vous m'avez fait, vous « conduire tous dans le Paradis. Oh ! j'y serais « plus heureux, si je m'y trouvais au milieu de « mes Musiciens de Château-Gontier, qui me « réjouiraient au son d'une musique bien plus « parfaite encore que celle qu'ils savent si bien « exécuter ici-bas. Puissé-je avoir ce bonheur. »

Les détails de cette fête de la cinquantième année du Sacerdoce de M. l'Archiprêtre de Château-Gontier ne sauraient être mieux clos que par le discours qu'il prononça en chaire le soir de cette fête.

Voici ce discours qu'on lira, sans nul doute, avec plaisir et édification.

« Mes bien cher Frères,

« Je manque d'expression pour vous rendre « tout ce que j'éprouve au fond de mon âme, à « la vue de ces manifestations si bienveillantes, si « honorables, si spontanées, dont vous m'avez « rendu aujourd'hui, dont vous me rendez encore « en ce moment l'heureux témoin. Oui, M. F., « tout ce que j'ai vu et entendu, tout ce que je « vois et ce que j'entends me touche profondé- « ment, et si quelque chose pouvait accroître l'af- « fection et le dévouement que je vous ai voués ; « si quelque chose était capable de resserrer « encore davantage les liens déjà si étroits qui « nous unissent depuis un grand nombre d'an- « nées, ce serait assurément ce qui se passe en ce « jour sous mes yeux.

« Ce n'est pas cependant que j'eusse besoin

« de ces démonstrations pour être bien con-
« vaincu de vos dispositions à mon égard. Vos
« sentiments de filiale affection me sont connus;
« je n'en ai jamais douté, et dans mille occasions
« vous m'en avez donné des preuves non équi-
« voques. Mais ce nouveau témoignage, que vous
« m'en offrez aujourd'hui, m'est aussi précieux
« qu'agréable. Souffrez que je vous en exprime
« ma plus vive et ma plus sincère reconnaissance.
« Permettez-moi aussi d'ajouter, et je veux que
« vous en soyez bien convaincus, que ces senti-
« ments sont parfaitement réciproques, et que si
« c'est pour vous une grande joie de fêter votre
« Pasteur, c'est aussi pour votre Pasteur un véri-
« table jour de fête que celui où il reçoit les affec-
» tueux hommages de ses bien-aimés parois-
« siens.

« Mais je ne dois point perdre de vue, et vous
« devez comprendre aussi, M. F., l'objet principal
« de cette religieuse solennité. Vous, Chrétiens,
« vous avez voulu honorer dans votre Pasteur,
« non ses mérites et ses qualités personnelles,

« hélas! ils sont trop nuls! et d'ailleurs, ils vien-
« draient de Dieu à qui toute la gloire devrait en
« retourner, mais l'éminente, l'incomparable
« dignité du Sacerdoce de Jésus-Christ dont il est
« revêtu, aussi bien que le titre de pasteur et de
« père qu'il tient à votre égard; mais pour moi,
« M. F., mon devoir, mon grand, mon indis-
» pensable devoir est de faire éclater ma plus
» vive reconnaissance, de rendre de solennelles
« actions de grâces au Père des lumières, à
« Celui de qui descend tout don parfait, et m'é-
« crier avec le Prophète : Venez, vous tous qui
« craignez le Seigneur, et je vous raconterai les
« merveilles qu'il a opérées en faveur de mon
« âme.

« Il y a, en effet, ô mon Dieu, plus d'un demi-
« siècle que, par une incompréhensible miséri-
« corde, vous vîntes me chercher dans une con-
« dition bien modeste, me prendre pour ainsi
« dire par la main pour me faire asseoir parmi
« les princes de votre peuple, pour m'élever,
« moi, homme mortel, pécheur et environné de

« faiblesses, au rang le plus sublime où une créa-
« ture si misérable puisse arriver, au divin Sacer-
« doce, qui, selon la belle expression d'un saint
« Père, fait du Prêtre un autre Jésus-Christ.
« *Sacerdos alter Christus.*

« Et de cette première grâce si peu méritée, ô
« mon Dieu, combien d'autres grâces ont découlé
« sur moi ? Car c'est en vertu de ce divin carac-
« tère sacerdotal qu'il m'a été donné de monter
« des milliers de fois au saint autel, et d'y offrir
« à votre souveraine Majesté la victime sans
« tache. C'est en vertu de cet auguste carac-
« tère que j'ai eu l'honneur et le bonheur
» ineffable, ô mon Sauveur, d'être associé avec
« vous dans le grand œuvre de la Rédemption
« du monde perdu, que j'ai pu travailler à sau-
« ver des âmes rachetées au prix de votre sang
« adorable, en leur appliquant, par le moyen
« des Sacrements, les mérites infinis de votre
« sainte Passion. Mais ai-je toujours été revêtu
« de cette sainteté que vous exigez de vos prê-
« tres ? *Sacerdotes tui induant justitiam.* Quoi

« qu'il en soit, Seigneur, je confesse à la face du « ciel et de la terre, en présence de tout ce peu- « ple dont vous m'avez confié la garde, que « jamais ma reconnaissance ne sera au niveau de « vos bienfaits à mon égard. Aidez-moi, M. F., « je vous en conjure, aidez-moi, par vos ferventes « prières, à m'acquitter envers la divine Bonté « d'une dette bien au-dessus de mes forces.

« La majeure partie de cette longue carrière « sacerdotale, vous le savez, M. F., elle vous a « été consacrée. Il y a plus de quarante ans que « la divine Providence, par l'organe de mes su- « périeurs, m'envoya au milieu de vous avec le « titre de Pasteur. Je veux vous en faire l'aveu « bien naïvement, M. F., ma nomination à cette « cure de Saint-Jean remplit mon cœur de joie, « et parce que votre foi, vos sentiments religieux « m'étaient connus d'avance, et parce que je « n'ignorais pas que j'allais succéder à un Pas- « teur vénéré que vous environniez de toute votre « confiance, de votre amour, de votre vénéra- « tion : sentiments que vous avez bien voulu

« reporter sur moi, il m'est doux de le reconnaître et de vous en remercier.

« Je vins donc à vous, Chrétiens, envoyé par « l'autorité légitime, je vins à vous, sinon avec « des talents remarquables et des qualités bril-« lantes, au moins avec la volonté la plus ferme, « avec le désir le plus ardênt et le plus sincère « de travailler, sans relâche et dans la mesure de « mes forces, à tout ce qui pourrait contribuer « à votre bonheur, à votre sanctification, au salut « éternel de vos âmes. Je vous en fis la pro-« messe solennelle la première fois que je parus « dans cette Chaire, et qu'il me fut donné de vous « adresser la parole. Ai-je rempli dans toute « leur étendue ces grands, ces solennels enga-« gements ? Ai-je toujours été à la hauteur de « ma sublime et sainte mission ? Ai-je mis dans « l'exercice de mes redoutables fonctions ce zèle, « ce dévouement que Dieu me commandait et « que vous-mêmes vous aviez droit d'attendre de « moi ? Celui à qui rien n'est caché, le sait, et « vous aussi vous pouvez en savoir quelque

« chose ; pour moi, je ne pourrais avoir la pré-
« somption ni de le penser ni de le dire. Mais
« ce que je puis et dois proclamer bien haut,
« c'est que, par votre bienveillant concours qui
« ne m'a jamais manqué, vous m'avez aidé puis-
« samment à soutenir le pesant fardeau de la
« charge pastorale ; c'est que, dans mille occa-
« sions, vous avez couvert du voile de votre
« charité, de votre indulgence, les nombreuses
« faiblesses qui n'ont pu manquer de m'échap-
« per. Enfin, si mon ministère a pu produire
« parmi vous, avec le secours de la grâce, quel-
« ques fruits de salut, j'en bénis la miséricorde
« ineffable de Dieu qui se plaît à employer les
« instruments les plus faibles pour opérer et
« faire éclater davantage les merveilles de sa
« grâce.

« Je devrais, ce semble, passer sous silence le
« bien matériel qui s'est fait sous ma longue
« administration. Je le signalerai cependant en
« deux mots, parce que le mérite et la gloire
« vous en reviennent bien plus qu'à moi, et que

« je ne veux pas être ingrat. Ainsi, si nous « voyons cette église bien restaurée, embellie, « enrichie de beaucoup d'objets d'une valeur « considérable, si des établissements de bienfai- « sance, dont chacun peut apprécier les grands « avantages, à qui le devons-nous? A vous, « M. F., se sont vraiment vos œuvres, parce que « ce sont vos largesses, vos générosités qui les « ont fait naître et qui continuent de les entre- « tenir et de les conserver. Je n'y ai pour moi « d'autre part que d'avoir secondé vos bienveil- « lantes dispositions. Daigne Celui, pour qui « vous avez travaillé, vous en récompenser lar- « gement.

« Je sais, M. T.-C. F., qu'au fond de vos « cœurs, vous me souhaitez encore un grand « nombre d'années au milieu de vous. J'accepte « vos vœux et j'y attache beaucoup de prix. « Assurément, je le reconnais, je ne vous suis « nullement nécessaire, et indépendamment de « mon ministère, Dieu a, dans les trésors infinis « et inépuisables de sa miséricorde, mille autres

« moyens poür vous sanctifier et vous conduire « au bonheur éternel. Cependant, s'il lui plaît « de me conserver quelques jours de vie, oh ! « bien volontiers, je les consacrerai jusqu'au der- « nier au salut de vos âmes, bien volontiers je « dirai, comme un de nos grands Evêques, Sei- « gneur, *je ne refuse pas le travail, que votre « volonté soit faite.*

« Je ne descendrai point de cette chaire sans « dire encore une fois combien je suis pénétré « de reconnaissance pour tous ceux qui se sont « employés à donner à cette fête de famille tout « l'éclat dont elle a brillé. Reconnaissance au « premier Pasteur du diocèse qui a bien voulu « l'honorer de sa présence, encourager le vieux « Pasteur et attirer sur sa tête les bénédictions « du ciel. Reconnaissance à cette imposante réu- « nion de vénérables Prêtres, mes confrères dans « le Sacerdoce, mes modèles dans la pratique des « vertus sacerdotales, qui m'ont donné, dans cette « circonstance, de si touchants témoignages « de leur honorable affection. Reconnaissance

« aux honorables Magistrats qui m'ont donné cette
« nouvelle preuve de leur bienveillante sympa-
« thie. Reconnaissance surtout à mes dignes
« Collaborateurs dont je ne puis assez recon-
« naître et louer trop hautement le zèle qu'ils ont
« déployé pour que rien ne manquât à cette
« solennité. Reconnaissance... »

Ici finit le discours écrit. Ce commencement si touchant fait aisément comprendre la fin.

L'estime et l'amour, dont on a pu voir les éclatants témoignages, et qu'on portait au vénérable archiprêtre, non-seulement dans sa paroisse, mais encore dans toute la ville et partout où il était connu, avaient pris naissance dans les éminentes qualités qui se faisaient remarquer en lui.

C'était chez lui la plus admirable bonté d'âme; cette bonté, il la témoignait envers tout le monde. De sa part, nulle acception de personne : il accueillait avec une égale bienveillance, avec la même affabilité et l'homme de la basse classe et l'homme de la classe la plus élevée. Il était d'une obligeance à toute épreuve. Qui lui a jamais demandé un service sans l'obtenir ? Lui arrivait-il de blesser quelqu'un ? c'était sans le vouloir ; et, dans ce cas, il ne craignait pas de s'humilier en excuses. A l'exemple du Divin Maître, il portait une affection toute particulière aux petits enfants ; il ne sortait jamais sans s'être muni de dragées qu'il leur distribuait le long-des rues.

Il était renommé pour sa douce gaîté. Si quelque préoccupation semblait parfois assombrir son visage, ce n'était qu'un léger nuage qui ne tardait pas à se dissiper. Sa mémoire était un répertoire inépuisable d'où il tirait tantôt un bon mot, tantôt une chansonnette appropriés aux circonstances qui se rencontraient. Quand il rentrait à la maison, quand il descendait de sa chambre pour les repas, quand il se promenait seul dans le jardin, on l'entendait fredonner ou un refrain de cantique, ou un air de chanson, qui lui avaient plu et qu'il avait retenu. Ce charme de caractère attirait au presbytère de Saint-Jean nombre d'ecclésiastiques qui aimaient à venir se délasser auprès de lui et se distraire des travaux et des soins du ministère. « Allons donc à Saint-Jean, » disait à un autre ecclésiastique un missionnaire qui connaissait M. l'Archiprêtre, et qui était venu donner les exercices d'une retraite dans une communauté de la ville, « Allons donc à Saint-Jean pour nous délasser des travaux de la journée ».

Cette aimable gaîté ne l'abandonnait même pas dans les fréquentes et douloureuses maladies qu'il a eues à supporter pendant sa longue carrière, et qu'il a toujours endurées avec la plus admirable patience. Il avait toujours à la bouche quelque agréable plaisanterie pour égayer ses nombreux visiteurs.

Son hospitalité était proverbiale. On peut dire que sa maison était l'hôtel de tous les prêtres. Les laïques mêmes, selon les circonstances, étaient accueillis de la manière la plus gracieuse. Rencontrait-il dans les rues un prêtre étranger à la ville, il l'arrêtait aussitôt lui disant : « Vous savez que votre couvert est mis à ma table ». Aussi se présentait-on chez lui, même sans invitation, sûr que l'on était d'être parfaitement reçu.

La réputation du prochain était sacrée pour lui. Tous ceux qui le fréquentaient s'accordaient à lui rendre ce témoignage que jamais la médisance ne se trouvait sur ses lèvres. Si quelqu'un s'oubliait jusqu'à se laisser aller à son égard à des procédés blessants, car le *Disciple n'est pas au-dessus du Maître* (1), le Divin Maître a été en butte aux injures, son ministre ne doit pas en être exempt, si donc, quelqu'un usait à son égard de procédés injurieux, ce n'était pas de sa bouche qu'on l'apprenait ; il tenait à ce que ces injures demeurassent ensevelies dans le silence et l'oubli.

Si quelquefois la médisance venait blesser ses oreilles, on voyait aussitôt la peine qu'il en éprouvait, tantôt à son silence, tantôt aux efforts qu'il faisait pour détourner la conversation. Cette peine se faisait surtout remarquer, lorsque c'était l'autorité ecclésiastique que l'on attaquait par des plaintes ou par des critiques.

(1) Matth., 10, 24.

Mais le plus beau fleuron de sa couronne a été sa charité pour les pauvres. Il aimait à s'occuper d'eux. A l'exemple d'un saint Evèque du Mans. il avait tous leurs noms par écrit. Comme le Divin Maître il était fréquemment environné de ces déshérités de la fortune; il était là comme dans son élément. C'était vraiment plaisir à le voir consoler, encourager les uns, réprimander paternellement les autres, quand il y avait lieu, et distribuer des aumônes à tous. Il s'épuisait pour soulager leurs besoins, toujours il était dans la gêne. Sa pénurie d'argent était connue de tous. Un jour, il visitait un malade qui, dans son délire, se plaignait amèrement d'avoir perdu vingt mille francs. — « Consolez-vous, mon bon ami, lui dit « le pasteur, je mets à votre dispositions ces « vingt mille francs. — Mais, Monsieur, reprit le « malade, où les maprendrez-vous? »

Sa table était très-frugalement servie, sa cave renfermait à peine le nécessaire. Ce n'était pas pour thésauriser qu'il se montrait si économe. Oh! non, il n'a jamais eu cette tentation, c'était pour se ménager plus de ressources en faveur des indigents.

Un legs, produisant 500 francs de rentes, avait été fait à la Cure de Saint-Jean. Un de ses vicaires lui dit : « Maintenant, M. l'Archiprêtre, vous « allez vous trouver plus à l'aise pour les dépen« ses de votre maison. — Non, répondit-il, ce « sera uniquement le patrimoine des pauvres. » En effet, après sa mort, on a trouvé dans la bourse qui renfermait ces fonds, cette étiquette : *Argent pour les pauvres*.

Ceux qui étaient surtout l'objet de sa sollicitude, c'étaient les pauvres honteux. Quand il n'avait plus de ressources pour les soulager, ce qui arrivait fréquemment, il s'adressait jusqu'à l'importunité aux personnes aisées de sa paroisse. Qui pourrait dire les infortunes qu'il a secourues, les larmes qu'il a séchées ?

Dès le commencement de son ministère il avait donné des preuves signalées de son amour pour les pauvres. On raconte que, lorsqu'il était vicaire à Saint-Vénérand, la personne qui s'occupait de son linge, trouvait le placard où était renfermé ce linge la plupart du temps vide.

Il regardait ce soin des pauvres comme un devoir tellement rigoureux pour un Pasteur que, sur le point de faire un pèlerinage au tombeau des Saints Apôtres Pierre et Paul, il crut devoir avertir, en chaîre, ses paroissiens, dans la crainte qu'ils ne fussent scandalisés, que ce n'était point à ses frais et par conséquent aux dépens des pauvres, qu'il allait accomplir ce voyage, mais aux frais d'un confrère qui voulait lui faire cette générosité.

On ne doit pas oublier son amour pour le travail. Tout le temps que n'exigeaient pas les travaux du ministère, était donné ou à l'étude de la Théologie ou à des occupations utiles. Tous les soirs il se rendait à l'Eglise ; il y restait jusqu'à près de sept heures. Ce temps était employé, dans l'intervalle des confessions qui pouvaient se présenter, à étudier l'Ecriture-Sainte. C'était vraiment un spectacle édifiant de voir ce vénérable vieillard, surtout pendant les longues et froides soirées d'hiver, passer des heures entières les yeux fixés sur un commentaire des Saintes Ecritures. Aussi avait-il acquis un fonds très-riche de textes sacrés, qui faisait l'admiration des nombreux ecclésiastiques dont il était le confesseur.

Pendant la journée, il se livrait quelquefois à des travaux manuels qui pouvaient avoir quelque utilité, et qu''il exécutait avec habileté. On remarque dans la sacristie de Saint-Jean, entre autres objets de piété, un baldaquin portatif et richement décoré, qu'il confectionna pour porter le Saint-Viatique, et une boîte fort ingénieuse pourvue de tous les objets nécessaires à l'administration de l'Extrême-Onction.

Il ne pouvait être sans s'occuper. Lorsqu'il se promenait dans le jardin avec les ecclésiastiques qu'il avait admis à sa table, il fabriquait de petits objets curieux dont il ornait les arbres, imitant en cela l'apôtre Saint-Jean, qui, pour se délasser des travaux de l'apostolat, jouait avec une colombe.

La régularité et la piété de M. l'Archiprêtre de Château-Gontier étaient exemplaires. Il se levait, hiver comme été, à quatre heures et demie du matin, afin d'avoir plus de temps à consacrer à ses exercices spirituels. Une indisposition grave pouvait seule empêcher l'observation de ce premier point de son règlement. Il n'omettait jamais sa méditation, même en voyage. Il célébrait habituellement la sainte Messe à 6 heures en tout temps.

Un écueil à craindre pour la piété du prêtre c'est la routine qui engendre la précipitation, dans la célébration des saints Mystères. Fidèle aux résolutions qu'il avait prises, lorsqu'il fut admis au sous-diaconat, M. l'Archiprêtre se tenait continuellement en garde contre ce danger. Aussi tel il s'était montré au saint Autel, lorsqu'il débuta dans la carrière sacerdotale, tel le voyait-on, sur la fin de sa longue vie. C'étaient la même observation des cérémonies sacrées, la même gravité dans leur accomplissement, la même ferveur et la même dévotion. On eut dit un jeune prêtre nouvellement élevé au Sacerdoce.

A moins qu'il ne se rencontrât quelque obstacle suscité par les occupations du ministère, il n'était jamais en retard pour la récitation du bréviaire. C'était encore l'observation fidèle d'une des résolutions de son sous-diaconat.

Chacune de ses journées était marquée par la récitation du chapelet, la visite au Saint-Sacrement et la lecture spirituelle qu'il faisait ordinairement, sur les dernières années de sa vie, dans un commentaire sur les Saints Evangiles. Tous les ans il faisait une retraite, soit au séminaire, à l'occasion de la retraite générale, soit dans une communauté religieuse. Il éprouvait un attrait tout particulier pour l'abbaye de Solesmes.

Au reste que le lecteur se rappelle les pièces citées ci-dessus, et écrites de la main de M. l'Archiprêtre de Château-Gontier. Elles témoignent assez de ses sentiments pieux. A ces pièces doit être joint un autre écrit trouvé dans ses papiers, et qu'on lira avec non moins d'édification. Cet écrit est le préambule d'un testament qu'il fit avant son second voyage à Rome.

« Sur le point de faire pour la seconde fois le « consolant pèlerinage de la Ville éternelle, faveur « dont je remercie bien sincèrement la divine « Bonté, je dois prévoir ce qui peut arriver pen- « dant cette longue et pénible pérégrination, sur- « tout en considérant mon âge avancé ; et, en « vue de la mort qui peut m'arrêter en route, « mettre en bon ordre toutes mes affaires pour « qu'il n'y ait aucun embarras dans ma suc- « cession.

« Je trace donc ici dans ces lignes l'expression « de mes dernières volontés.

« Quand il plaira au Seigneur de m'appeler à « lui et de me citer à son redoutable Tribunal, « je le supplie humblement d'user envers moi de « son infinie miséricorde, et, en vue des mérites « infinis de Jésus-Christ son divin Fils et mon « adorable Sauveur, dont j'ai eu l'insigne hon- « neur et le bonheur aussi incompréhensible « qu'immérité, d'être le ministre et le représen- « tant sur cette terre, de me pardonner les fautes « bien grandes sans doute et bien nombreuses

« que je n'ai pu manquer de commettre dans un « si saint, si redoutable et si long ministère. *Si* « *iniquitates observaveris, Domine, Domine, quis* « *sustinebit !* (1) Mais je place toute ma confiance, « d'abord dans l'inépuisable bonté de ce grand « Dieu, dont j'ai tant de fois fait la consolante « expérience ; ensuite dans la protection si puis- « sante de la Très-Sainte et Immaculée Mère de « Dieu, qui m'a donné, dans tant de circons- « tances, des preuves sensibles de sa maternelle « bonté, ainsi que dans l'intercession de mon « illustre et glorieux patron, Saint Michel- « Archange et de tous les Saints Anges. »

« Je supplie humblement mes bien-aimés et « chers Paroissiens de ne pas m'oublier dans « leurs prières, de recommander mon âme à « Dieu, s'ils reçoivent la nouvelle de ma mort, « et de me pardonner les peines que je pourrais « leur avoir causées pendant le grand nombre « d'années que j'ai passées au milieu d'eux. Qu'ils « reçoivent aussi l'assurance que j'oublie très-

(1) Ps. 120, v. 3.

« volontiers les chagrins qu'ils m'auraient occa- « sionnés, et que si j'ai le bonheur de trouver « grâce au Tribunal du Souverain Juge et d'ob- « tenir une place dans son divin royaume, « comme je l'espère, je n'oublierai point leurs « besoins spirituels, et que je solliciterai, en leur « faveur, les grâces dont ils ont besoin pour se « sanctifier et pour parvenir un jour eux-mêmes « au bonheur des Elus. »

L'extrait suivant d'une lettre adressée à l'auteur de cette notice par un Ecclésiastique, qui avait prêché au Carême à Saint-Jean de Château-Gontier, mérite encore d'être cité. C'est un nouveau et bien touchant témoignage rendu à la piété et à la sainteté du vénérable Archiprêtre.

« Pour ma part jamais je n'oublierai l'onction « et le remarquable esprit de foi de ses petites « allocutions, pendant les deux mois qu'il a été « mon confesseur, durant mon séjour au pres- « bytère de Saint-Jean de Château-Gontier. « Depuis lors, surtout, je l'ai eu en singulière « vénération. Son humilité, sa simplicité, son

« esprit intérieur, sa vie éminemment sacer-
« dotale, sa gaîté si bonne me charmaient. »

M. l'Archiprêtre de Château-Gontier a fait deux voyages à Rome, et il était sur le point d'en faire un troisième : un généreux confrère lui avait offert de couvrir encore les frais de ce nouveau pèlerinage. Il avait fait allégrement tous ses préparatifs ; mais à l'heure du départ, ses forces le trahirent et, à son grand regret, il se vit obligé de renoncer à ce projet.

Cet empressement à aller visiter le chef-lieu de la catholicité, malgré son grand âge, dit assez son amour pour l'Eglise, sa vénération pour le Souverain-Pontife et son attachement aux doctrines romaines. « Après le Ciel, » disait-il, à Mgr Wicart lorsqu'il lui demanda la permission de faire son second voyage, « Après le Ciel, rien « de plus désirable que Rome. »

Au reste il donna plus tard une preuve de ses sentiments pour le Pape et les doctrines romaines en provoquant, dans son canton, une adresse de félicitations à Mgr Wicart, à l'occasion de la conduite énergique qu'il avait tenue au Concile du Vatican, relativement à la définition du dogme de l'Infaillibilité pontificale.

Aux sentiments de foi et de charité qui animaient M. l'Archiprêtre de Château-Gontier, on peut juger de l'ardeur de son zèle pour l'extension du royaume de Dieu dans sa paroisse et le salut des âmes.

Le premier objet de ce zèle c'étaient les enfants. Il aimait à s'occuper, d'une manière toute particulière, de cette portion si intéressante du troupeau de Jésus-Christ. Les établissements d'éducation religieuse qu'il a fondés en sont une preuve frappante.

Pendant longtemps, il a voulu se charger lui-même d'un des catéchismes des enfants que l'on préparait aux premières communions. Il n'a confié cette fonction à son second Vicaire que lorsqu'il a eu fondé un Catéchisme de Persévérance. Pendánt longtemps aussi, c'était lui qui faisait la retraite préparatoire à la communion des enfants. Plus tard il faisait venir chaque année un missionnaire pour le remplacer dans l'accomplissement de ce devoir.

Toujours préoccupé du soin de ces chers enfants, il ne se contentait pas de cette retraite. Il tenait à leur procurer les avantages d'une seconde retraite, peu de temps après la rentrée des classes. Lorsqu'il a été pris de la triste maladie qui l'a emporté, il avait eu soin de demander un R. P. Capucin pour donner les exercices de cette retraite du commencement de l'année scolaire.

Les soins que M. l'Archiprêtre donnait aux enfants ne nuisaient en rien aux soins qu'il devait aux grandes personnes. Il parcourait fréquemment sa paroisse. C'était le Bon Pasteur qui allait à la recherche des brebis égarées. Rencontrait-il quelqu'un qu'il savait être oublieux de ses devoirs de chrétien, il avait toujours un bon mot pour l'attirer au confessionnal. Un jour, ils allaient, un de ses vicaires et lui, trouver leur commun confesseur. Le temps était pluvieux. Un des principaux habitants de la paroisse, éloigné des pratiques religieuses, vint au devant d'eux et leur dit avec beaucoup de courtoisie : « Mais, Messieurs, où allez-vous donc par un temps si mauvais ? Nous allons à confesse, répliqua le Pasteur, je parie que vous n'en diriez pas autant ». Le brave homme fut un peu déconcerté par cette réponse ; mais l'à-propos ne lui déplut pas ; et lorsque vint pour lui l'heure de la mort, il accueillit avec empressement le ministère de son bon Curé.

M. l'Archiprêtre aimait à visiter les ouvriers, à s'entretenir avec eux sur leur porfession, à prendre même les outils de quelques-uns pour s'essayer à leur travail. Cette sorte de laisser-aller plaisait singulièrement à ces hommes et lui gagnait les cœurs. Son but cependant n'était pas de s'attirer une vaine popularité. Oh ! non, il avait des vues plus élevées : il voulait comme Saint-Paul se faire tout à tous pour les conduire tous à Dieu. (1)

Le désir ardent qu'avait M. l'Archiprêtre d'attirer les âmes à Dieu lui faisait accueillir avec

(1) 1re cor. 9, 22.

empressement tous les moyens qui pouvaient le faire arriver à ce but. C'est ainsi que dès qu'il eut connu l'Archiconfrérie du T.-S. Cœur de Marie, érigée dans l'église de Notre-Dame des Victoires à Paris, et les heureux résultats obtenus par cette pieuse institution pour la conversion des pécheurs, il s'empressa de la faire ériger canoniquement dans son église. Un des articles du règlement de cette Archiconfrérie est la célébration d'une messe pour la conversion des pécheurs tous les premiers samedis du mois. M. l'Archiprêtre s'est toujours montré fidèle à la célébration de cette messe depuis près de quarante ans que cette institution avait été fondée dans son église.

Cette sollicitude pour le salut des âmes ne se bornait pas à sa paroisse. Les œuvres si catholiques de la Propagation de la Foi, de la Sainte-Enfance et de l'Association de Saint-François de Sales pour la défense et la conservation de la Foi, n'avaient pas de plus ardent promoteur. Aussi, quoique sa paroisse fût la moins favorisée de la ville sous le rapport de la richesse, obtenait-il cependant les plus heureux résultats dans les recettes destinées à soutenir ces œuvres si excellentes.

Son zèle se signalait surtout lorsqu'il s'agissait des malades. Quand il apprenait que quelqu'un de ses paroissiens était malade, il se hâtait d'aller le visiter ; et lorsque le danger se faisait remarquer, il s'armait d'une sainte hardiesse pour l'avertir de ce danger et le déterminer à recevoir le secours de son ministère. Il réussissait ordinairement et avait la consolation de procurer une sainte mort à ceux qui étaient le plus éloignés de Dieu. Deux fois seulement, pendant les cinquante années de son ministère à Château-Gontier, il eut la douleur de voir ses pressantes sollicitations repoussées avec obstination. Longtemps il a ressenti la peine que lui avait causée la perte éternelle de ces deux malheureuses brebis. Il en parlait souvent avec un profond sentiment d'affliction.

Il visitait fréquemment ses malades, et dans la

crainte d'en oublier quelques-uns, il avait soin d'en dresser la liste.

Lorsqu'on venait le chercher la nuit pour des malades, son grand âge et ses infirmités l'autorisaient bien à envoyer un de ses vicaires ; mais non, quelque temps qu'il fît, il tenait à s'y rendre lui-même. Lorsqu'un prêtre étranger à la paroisse avait préparé un de ses paroissiens à la réception des derniers sacrements, il ne voulait laisser à aucun prêtre le soin de procurer les secours de la Religion à cette brebis qui appartenait à son bercail. C'était vraiment, encore une fois, le bon Pasteur dans toute l'acception du mot.

Il accomplissait le devoir de la prédication avec une scrupuleuse fidélité ; il ne croyait pas qu'une indisposition, même sérieuse, pût l'en dispenser. Peu de temps avant sa dernière maladie, et lorsqu'il en ressentait déjà les atteintes, il prêchait encore.

Il n'y avait pas de recherche dans ses instructions dominicales : C'était la simplicité évangélique. Lorsqu'il était obligé de faire quelque discours d'apparat, il semblait n'être plus dans son élément. Il excellait dans le genre de l'instruction familière. Il excellait surtout dans les avis que les circonstances l'engageaient à donner à ses paroissiens. C'était vraiment un père qui parlait à ses enfants. Aussi était-il écouté avec une attention qui annonçait tout l'intérêt que l'on portait à ses paroles. Si une voix étrangère se faisait entendre dans la chaire de Saint-Jean : « C'est bien, « disait-on, mais cela ne nous va pas au cœur « comme les paroles de notre bon Curé. »

Cependant comme la nouveauté a toujours de l'attrait pour un grand nombre d'auditeurs et peut avoir d'heureux résultats, M. l'Archiprêtre regrettait beaucoup de ne pouvoir procurer chaque année, à ses paroissiens, pendant le Carême, des prédications extraordinaires. Les ressources faisaient défaut. Mais la Providence seconda encore les désirs du zélé Pasteur. Une personne généreuse dota l'église de Saint-Jean d'une riche propriété et imposa pour condition à la Fabrique l'obligation de subvenir aux frais d'une station quadragésimale et annuelle.

A l'utilité si grande de ces prédications solennelles, cette fondation joint l'avantage non moins précieux d'un confesseur étranger, auquel les consciences inquiètes peuvent s'ouvrir avec plus d'aisance et de liberté.

Le zèle de M. l'Archiprêtre de Château-Gontier pour la prédication de la parole Divine l'engageait à accepter les invitations qu'on pouvait lui faire de présider à quelque cérémonie civile. C'était pour lui une heureuse occasion de faire entendre des paroles d'édification. On lira avec intérêt un discours, trouvé dans ses papiers, et qu'il prononça à la bénédiction de l'usine à Gaz et du réservoir d'eau de Château-Gontier, le Dimanche 23 Août 1868.

« Monsieur le Sous-Préfet,
« Monsieur le Maire,
« Messieurs,

« Toutes les merveilleuses inventions que la « science a découvertes dans ces temps modernes,

« sont bien propres à exciter la reconnaissance « de l'homme, en lui faisant admirer les œuvres « de Dieu dans la Création.

« Quand on voit en effet la matière, inerte par « elle-même, se prêter aux différents usages de « la vie pour en diminuer ou pour en alléger les « peines et les privations qui en sont comme les « compagnes nées et inséparables, ne doit-on « pas remercier la divine sagesse qui, en donnant « à l'homme le génie, lui a permis de scruter les « lois de la nature et d'y découvrir tout ce qu'elle « renferme d'utile pour nos divers besoins ?

« Aussi la Religion, compagne assidue de « l'homme sur la terre, loin de s'alarmer des « progrès de la science, les admire avec un noble « orgueil, elle les bénit et en rapporte toute la « gloire à Celui de qui procèdent toute science « et toute lumière, parce qu'il est lui-même le « foyer inépuisable de toute lumière et de toute « science. Et voilà pourquoi cette Religion divine « admire, loue et encourage les œuvres du « génie ; c'est qu'elle y reconnaît le sceau d'une

« main divine qui imprime à toutes les facultés
« de l'homme une supériorité incontestable sur
« tous les êtres de la création. Tous les éléments
« lui sont soumis et se plient à sa volonté puis-
« sante.

« Bien aveugles donc et surtout bien à plaindre
« sont ceux qui, sous le masque d'une fausse
« science, ne veulent voir dans l'homme doué
« d'une si haute intelligence, qu'une machine
« ordonnée par le hasard et destinée à se dis-
« soudre après avoir fonctionné pendant plus ou
« moins de temps, qui ne voient, dans la société
« elle-même toute entière, qu'une autre machine
« fatalement entraînée dans ses mouvements di-
« vers et fatalement conduite à sa destruction.
« Non, non, Messieurs, il n'en est pas ainsi,
« vous en avez la conviction, nous le savons, et
« avec nous, vous le proclamez bien haut. Chré-
« tiens comme nous, vous voyez dans le génie
« de l'homme briller une flamme immortelle qui
« ne doit pas s'éteindre avec sa vie.

« Cette conviction profonde qui est la vôtre,

« Messieurs, ces sentiments religieux intimement « gravés au fond de vos cœurs, vous nous en « donnez ici un témoignage aussi consolant pour « nous qu'il est édifiant pour cette multitude qui « vous environne. Vous avez compris que les « œuvres de l'homme, quelque admirables, quel- « que parfaites qu'elles paraissent, portent tou- « jours avec elles quelque chose de cette imper- « fection et de cette infirmité inhérentes à notre « nature, et qui demande à être purifié, protégé, « sauvegardé par une influence divine. Aussi « avez-vous demandé, pour les œuvres si im- « portantes et si utiles que vous avez conçues « et heureusement exécutées, les bénédictions « puissantes de la Religion, persuadés qu'elles « peuvent les préserver d'accidents toujours re- « doutables, et les élever, pour ainsi dire, à la « dignité d'une chose sacrée.

« Messieurs, le digne clergé de cette ville, dont « j'ai l'honneur d'être l'organe, s'est empressé « de répondre à vos vœux, heureux en cela, « comme toujours, de seconder vos louables

« efforts, de s'associer à votre vigilante sollicitude « pour le bien-être moral et physique de cette « nombreuse et intéressante population.

« En terminant, Messieurs, je fais des vœux « bien ardents, bien sincères, pour que ces « deux grandes créations, dont vous avez en- « richi notre ville, soient pour tous les habitants « une source abondante de prospérité temporelle, « mais plus encore pour que ceux, qui en recueil- « leront le bénéfice, n'oublient pas que les créa- « tures que Dieu a faites pour notre usage, sont « comme des échelons pour nous élever jusqu'à « lui, que nous ne devons pas nous y attacher, « mais nous souvenir sans cesse que nous som- « mes voyageurs sur cette terre de passage, et « que nous devons tendre incessamment vers « cette cité bienheureuse qui n'a pas été bâtie « par la main des hommes et où des biens et des « jouissances immuables et parfaites ne nous « laisseront plus rien à désirer, parce que nous « y serons affranchis de tous les besoins. »

Ici peut encore figurer la péroraison d'un discours prononcé par M. l'Archiprêtre de Château-Gontier à une distribution de prix qu'il avait été chargé, par Mgr Wicart, de présider au Collége de la Ville, le 28 juillet 1874.

« Permettez-moi en terminant, mes Enfants,
« d'ajouter encore quelques mots. Ces couronnes,
« que vous avez reçues aujourd'hui, demain se-
« ront flétries ; ces volumes richement dorés, que
« vous êtes fiers d'emporter, s'useront bien vite
« dans vos mains ; ces vifs applaudissements que
« vous avez, il n'y a que quelques instants,
« entendu retentir à vos oreilles, ils se sont déjà
« évanouis comme de vains sons qui ont frappé
« l'air ; mais il est une couronne composée de
« fleurs qui ne se fanent jamais, couronne des-
« tinée, par le juste appréciateur du mérite, à tous
« ceux qui auront combattu les bons combats de
« la Foi. Soyez tous, chers Enfants, de ces vail-
« lants et heureux athlètes. »

C'est ainsi que le vénérable Archiprêtre savait élever ses auditeurs de la considération des choses purement matérielles et temporelles à la considération des choses spirituelles et religieuses.

Parmi les œuvres du zèle se recommandent d'une manière spéciale la décoration de la Maison de Dieu et la pompe des cérémonies religieuses. Or, qu'on se rappelle qu'un des premiers soins de M. l'Archiprêtre de Château-Gontier, lorsqu'il fut nommé Curé de Saint-Jean, ce fut la restauration de son église, qu'il avait trouvée dans le plus triste délabrement, et, qu'au moyen de sacrifices énormes, il a pu mettre dans l'état si satisfaisant où elle se trouve aujourd'hui.

Quant à la pompe des cérémonies religieuses, qui n'admire la splendide parure, déployée par ses soins, aux jours de l'Adoration perpétuelle, pour tempérer la sévérité de sa vieille église ? Qui n'admire aussi le magnifique reposoir qui figure si bien sur la place de Saint-Jean aux processions de la fête du Corps de Notre-Seigneur ?

Tel est le tableau des circonstances les plus remarquables qu'offre la vie de M. l'Archiprêtre de Château-Gontier.

Après tous ces détails, si dignes d'intérêt, le

lecteur s'étonnera sans doute que l'autorité civile ait laissé dans l'ombre ce digne ecclésiastique.

Si en effet un soldat a exposé sa vie et versé son sang sur un champ de bataille, pour la défense de la patrie ; si un savant, par ses études et ses laborieuses recherches, a doté son pays de découvertes utiles ; si un magistrat, par une longue et sage administration, a bien mérité de ses concitoyens, ils recevront une distinction honorifique, et on applaudira avec raison à cette récompense.

Mais un prêtre modeste, qui a passé soixante ans de sa vie dans l'accomplissement assidu de fonctions non moins utiles à la Société qu'à la Religion, qui a rempli sa ville d'œuvres les plus admirables, qui, pendant sa longue carrière, a été constamment le soutien de toutes les infortunes, qui, en un mot, à l'exemple de son maître, *a passé en faisant le bien* (1), était-il moins digne de cette récompense ? Est-ce que la croix destinée au mérite pouvait mieux figurer que sur la robe

(1) Act. X, 38.

noire et sur la poitrine de ce noble vieillard ?

Frappés de cet oubli si regrettable des hommes honorables de Château-Gontier s'étaient fait un devoir de le signaler au chef de l'Etat. Leurs démarches allaient obtenir un plein succès. Mais hélas !..... Il était trop tard !

Les années de M. l'Archiprêtre de Château-Gontier s'avançaient dans l'exercice de son zèle et de ses vertus sacerdotales. Il touchait à sa quatre-vingt-deuxième année. Depuis quelque temps des symptômes alarmants s'étaient déclarés dans l'état de sa santé. De violentes palpitations de cœur, suivies de fortes oppressions, faisaient redouter une prochaine catastrophe. Il semblait avoir lui-même ce pressentiment. Un prêtre de ses pénitents, qui s'était confessé peu de temps avant sa dernière maladie, raconte que ces exhortations avaient quelque chose de tout à fait extraordinaire : « Il me semblait, dit-il, entendre « saint François de Sales ou saint Charles Bor- « romée discourant sur la vie parfaite et le bon- « heur du ciel. Dans une conversation que j'eus

« avec lui, après la confession, ajoute cet ecclé-
« siastique, il me dit tout à coup à propos de
« rien : *Si le bon Dieu veut que je continue à tra-*
« *vailler pour son service, j'y consens volontiers,*
« *mais s'il veut me prendre, je suis tout prêt.* »

Des précautions devenaient donc urgentes. On les lui conseillait avec instance. Mais les observations qui lui étaient adressées, le danger qu'on lui faisait entrevoir, rien ne pouvait retenir son zèle. Enfin ses forces trahissent son courage, et le samedi 18 novembre 1876, après une visite faite à un malade éloigné du presbytère et par un temps brumeux et glacial, il est obligé de se mettre au lit qu'il ne quittera plus que pour aller au cimetière.

La maladie prit tout de suite des caractères de gravité qui néanmoins ne faisaient pas perdre espoir aux médecins. Cependant quatre jours après l'invasion, le malade désira recevoir les derniers sacrements. Les vicaires crurent devoir faire droit à ce désir, malgré l'opinion rassurante des médecins.

La cérémonie de l'Aministration fut des plus touchantes. Un grand nombre de prêtres en habit de chœur et portant des torches, une foule innombrable de paroissiens tout en larmes, assistaient à cette lugubre cérémonie. Le malade adressa aux assistants une de ces allocutions que l'on n'oublie point. « Je voudrais, dit-il, que « tous mes paroissiens fussent là. Vous me voyez « sur mon lit de mort. Dieu sans doute peut bien « me guérir, s'il le veut, mais il ne faut pas « compter sur un miracle. On redoute trop sou- « vent de recevoir les derniers sacrements et on « attend souvent trop tard à le faire. J'ai voulu « donner l'exemple en les demandant lorsque je « suis encore en pleine connaissance, et que je « ne suis pas encore réduit à la dernière extré- « mité. Je ne sais plus quel saint disait : *Je n'au- « rais jamais cru qu'il fut si doux de mourir.* « Eh ! bien, je puis vous en dire autant, je ne « redoute point la mort, et si je ne la crains pas, « c'est que toute ma vie je m'y suis préparé. Tous « les jours, je me suis dit : je puis mourir

« subitement; je puis être frappé en voyage, à « l'église, dans ma chambre, sur une place, dans « une rue, il faut donc que je me tienne toujours « prêt; et c'est ce que j'ai toujours tâché de faire. « Faites-en autant et vous verrez que la mort « ne vous effraiera pas. »

Ces paroles furent prononcées d'une voix énergique et d'un ton ferme dans lequel ne se trahissait pas la moindre émotion, malgré les larmes de tous les assistants. Il allait continuer, lorsque l'un de ses vicaires, craignant avec raison qu'un trop long discours ne finit par l'affaiblir, le pria de s'arrêter; ce qu'il fit avec une docilité d'enfant. Il s'unit avec ferveur aux prières qui accompagnaient l'administration des derniers sacrements. Après la réception de la sainte Eucharistie, son visage se transfigura pour ainsi dire, et pendant son action de grâces, il reflétait en quelque sorte un calme surhumain. Le même calme se continua pendant l'administration de l'Extrême-Onction.

La maladie dura plusieurs semaines, offrant

une alternative d'espérance et de crainte. Pendant ce temps c'étaient des visites continuelles au presbytère de Saint-Jean pour s'informer de l'état du malade. Toutes les classes de la Société s'intéressaient à la conservation de ce saint vieillard qu'elles regardaient comme le père et le bienfaiteur de toute la cité.

Enfin une complication malheureuse vint enlever tout espoir aux docteurs ; et le 8 décembre 1876, le vénérable malade rendait le dernier soupir à trois heures du matin, après avoir été plusieurs fois reconforté par la sainte communion, et après avoir reçu une nouvelle indulgence plénière pour l'article de la mort, celle du Saint Rosaire dont il faisait partie.

Sans doute que Dieu, par une attention délicate, avait choisi ce jour du 8 décembre pour le faire assister, au ciel, à la fête de Marie Immaculée, dont il avait été pendant sa vie un si zélé serviteur.

Les derniers jours de la maladie, les souffrances devinrent atroces, l'agonie surtout fut affreuse.

On peut demander pourquoi les Justes sont souvent en proie aux plus cruelles douleurs à l'article de la mort. Ah ! peut-on répondre, c'est que Dieu veut les purifier entièrement dès la vie présente, afin de les admettre immédiatement, au sortir de cette vie, à la gloire céleste. C'est alors une faveur qu'il accorde à leur vertu.

A la nouvelle de la mort de M. l'Archiprêtre de Château-Gontier, ce fut une consternation générale, consternation d'autant plus grande, que l'on avait toujours conservé l'espoir d'une guérison. Les soins si assidus et si intelligents, donnés au malade par MM. les docteurs Sauvé et Jousselin, avaient entretenu cet espoir. Mais hélas ! que peuvent la science et l'art quand l'heure fixée par la Providence est arrivée !

Le corps du défunt fut exposé pendant trois jours, sur un lit de parade, dans la grande salle du presbytère ornée à cet effet. Ce fut alors un concours continuel de visiteurs qui tenaient à contempler une dernière fois les traits si vénérés de leur Archiprêtre, et à faire toucher à ses mains des objets pieux.

La sépulture, fixée au lundi 11 décembre, fut présidée par M. l'abbé Wicart, vicaire général, délégué par Mgr l'Evêque de Laval. La pompe de cette lugubre cérémonie fut digne du saint et vénéré défunt. M. l'abbé Gasnier, curé de Brée, au canton de Montsûrs, M. Gasnier de Laval, ses frères, et les deux Vicaires conduisaient le deuil. Un nombre considérable de chanoines, plus de cent prêtres venus de toutes les parties du diocèse, le Conseil de Fabrique, M. le Sous-Préfet, M. le Maire avec tout son Conseil, la Société de Saint-Vincent-de-Paul, la Société Philharmonique, la Gendarmerie, le corps des Pompiers, le Collége de la Ville, les Sœurs de l'Espérance et de Saint-Vincent-de-Paul, les jeunes gens du Patronage, les demoiselles de l'Ouvroir des Pauvres, les jeunes filles de la Sainte Famille et de la Congrégation des Enfants de Marie, tous les enfants des Ecoles, une foule immense d'habitants de la ville et des campagnes entouraient le cercueil du regretté Défunt, qui, pendant sa vie, avait su gagner les cœurs de tous ceux qui avaient eu occasion de le connaître.

Parmi cette foule si nombreuse, on ne remarquait pas la moindre dissipation. C'était au contraire le plus religieux silence, le plus profond recueillement. Tout annonçait que ce n'était pas la curiosité, mais l'amour qui attirait ce concours immense. C'étaient des enfants désolés qui venaient accompagner un père à sa dernière demeure.

Maintenant que la tombe s'est refermée sur la dépouille mortelle de M. l'Archiprêtre de Château-Gontier, en sera-t-il de lui comme de tant d'autres qui, à peine disparus de la scène du monde, sont livrés à un éternel oubli? Oh! non, car quoique mort, il parle encore. *Defunctus adhuc loquitur* (1). Il a parlé le 11 décembre 1877, au

(1) Saint Paul aux Hébreux, XI, 4.

cœur d'une centaine de chanoines et de prêtres, au cœur de nombreux paroissiens, qui sont venus célébrer le douloureux anniversaire de sa mort. Il parle par les guérisons extraordinaires obtenues, dit-on, sur sa tombe. Quoi qu'il en soit de ces guérisons dont l'appréciation est du seul ressort de l'autorité ecclésiastique, le vénérable Archiprêtre est tellement en odeur de sainteté parmi la multitude, que ce sont tous les jours des prières que l'on va faire en foule sur sa fosse couverte de couronnes et d'*ex-voto*.

Quoique mort, vous parlez donc encore, ô vénéré Père, par la réputation de sainteté que vous avez laissée. Oui, vous parlez encore par les œuvres dont vous avez couvert tout Château-Gontier, par la bouche des pauvres dont vous étiez le père si généreux. Vous parlez encore par le souvenir que vous avez laissé dans le cœur de votre Evêque qui avait déjà conçu tant d'estime et d'affection pour vous; dans le cœur de Mgr Wicart qui vous honorait aussi de son amitié;

dans le cœur de votre respectable famille, de vos nombreux amis et de tous vos paroissiens. Ah ! vous parlez surtout et vous parlerez toujours par le souvenir que vous avez si profondément gravé dans le cœur de celui qui a vécu quarante ans dans votre intimité, dans le cœur de votre vieux Vicaire.

G. D.

*Plusieurs personnes encore se proposent de souscrire au monument qui doit être érigé sur la tombe du vénérable et saint Archiprêtre dont on vient de lire la Vie si édifiante. Elles sont instamment priées de se hâter d'offrir leurs souscriptions ; car la beauté de ce monument dépendra du chiffre des offrandes.*

*Chacun voudra assurément que ce gage de*

*vénération, de reconnaissance et d'amour, soit digne de celui à la mémoire duquel il sera consacré.*

*On souscrit au Presbytère de Saint-Jean de Château-Gontier.*



CHATEAU-GONTIER, IMPRIMERIE H. LECLERC

www.ingramcontent.com/pod-product-compliance
Ingram Content Group UK Ltd.
Pitfield, Milton Keynes, MK11 3LW, UK
UKHW022107190726
13855UKWH00002B/707

9 782013 044967